빙글빙글
잡학상식

으뜸과버금가는아이들

빙글빙글
잡학상식

걸음마 엮음

머리말

우리가 사는 세상은 우리가 생각하는 것보다 훨씬 넓어요. 세상의 크기만큼 다양한 궁금증도 많이 생기기 마련이지요. 'N서울타워의 조명색은 무엇을 의미할까?', '긴장하면 왜 소변이 마려울까?', '껌과 초콜릿을 동시에 먹으면 어떻게 될까?' 등 사소하지만 궁금한 것들이 정말 많아요.

물론 이런 지식을 모르더라도 세상을 살아가는 데는 아무런 불편이 없어요. 하지만 이런 지식을 알고 있으면 누구를 만나든 대화의 범위가 넓어져 나만의 매력을 뽐내면서 나를 더 돋보이게 할 거예요.

〈빙글빙글 잡학상식〉은 우리 친구들이 학교 수업이나 교과서로는 배울 수 없는 기상천외하고 흥미진진한 지식을 일반상식, 인체, 동물과 식물, 스포츠와 예술, 음식, 역사까지 총 6개 분야로 나누어 분야별로 엄선해 담았어요.

〈빙글빙글 잡학상식〉을 다 읽으면 나도 모르게 상식이 무럭무럭 자라서, 다른 친구들보다 더 많은 것을 알고 있는 상식 부자가 될 거예요.

목차

1. 알면 재미있는 일반상식-8

2. 신비한 인체의 비밀-72

3. 놀라운 동물과 식물-114

4. 스포츠와 예술-156

5. 맛있는 음식의 세계-180

6. 교과서에 없는 역사 상식-198

초등교과연계

〈겨울 2-2〉 두근두근 세계 여행

〈사회 3-1〉 우리가 알아보는 고장 이야기

〈과학 4-1〉 식물의 한살이

〈국어 4-2〉 본받고 싶은 인물을 찾아봐요

〈과학 5-2〉 재미있는 나의 탐구

〈과학 5-2〉 생물과 환경

〈국어 6-2〉 타당한 근거로 글을 써요

〈과학 6-1〉 과학자처럼 탐구해 볼까요?

N서울타워의 조명 색깔을 무엇을 의미할까?

1. 알면 재미있는 일반상식

1. 1년 중 절반에 해당하는 날은 몇 월 며칠일까?

1년의 시작은 1월 1일, 마지막 날은 12월 31일이에요. 그렇다면 1년의 가운데, 딱 절반에 해당하는 날은 언제일까요? 1년이 12월까지 있으니 중간인 6월 중순쯤이라고 생각하는 친구들도 있을 거예요.

그러나 1년 중 절반에 해당하는 날은 6월 중순이 아닌 정확히 '7월 2일'이에요. 이날은 1월 1일부터 헤아리면 183일, 즉 1년 365일의 한가운데에 있어요. 1월 1일부터 7월 1일까지가 182일, 7월 3일부터 12월 31일까지도 182일이니 '7월 2일'이 1년 중 절반에 해당하는 날이 되는 거지요.

2. N서울타워의 조명 색깔은 무엇을 의미할까?

 서울의 중심에 위치한 남산 위에 우뚝 서 있는 N서울타워는 서울 어디에서든 볼 수 있어요. N서울타워는 오후 6시부터 자정까지 파랑, 초록, 노랑, 빨간색 조명을 켜서 반짝거리지요. 그런데 N서울타워의 조명색이 의미 있는 색이라는 거 우리 친구들은 알고 있었나요?

 N서울타워의 조명색은 초미세먼지 농도를 나타내요. 초미세먼지 농도가 좋을 때는 파란색, 보통일 때는 초록색, 나쁠 때는 노란색, 매우 심각할 때는 빨간색 조명이 켜져요. 초미세먼지는 우리 몸에 침투해 건강을 해치는 작은 먼지를 말해요.

 N서울타워의 조명색이 노란색이나 빨간색이면 외출 시 꼭 마스크를 착용해야 한답니다.

3. 가장 긴 영어 단어는 몇 자일까?

 전 세계 많은 사람이 사용하는 언어인 영어는 우리 친구들도 학교나 집에서 공부하고 있을 거예요. 수많은 영어 단어 중 가장 긴 영어 단어는 무엇이고 몇 자인지 알고 있나요?

 바로 'pneumonoultramicroscopicsilicovolcanoconiosis'로 '진폐증'이라는 뜻이에요. 무려 45자나 되는 단어이지요.

 진폐증은 공기 중에 산소를 우리 몸에 공급하는 역할인 폐에 미세한 먼지나 가루가 쌓여서 생기는 병이에요.

pneumonoultramicroscopicsilicovolcanoconiosis

4. 강수확률 0%인데도 비가 오는 이유

 내일 비가 올지, 눈이 올지 확인하기 위해 일기예보를 보면 강수확률이라는 말을 볼 수 있을 거예요. 강수확률이란 '특정 지역에 예보 시간 내 1mm 이상의 비나 눈이 있을 확률'을 의미해요. 예를 들어 강수확률 70%라고 한다면, 강수확률 70%의 예보가 100회 있을 시 70번은 1mm 이상의 비가 내린다는 말이에요.

 강수확률은 0%부터 100%까지 10% 단위로 발표하는데 1% 단위는 반올림해요. 즉 강수확률이 4%일 경우에도 일기예보에서는 0%로 발표되기 때문에 강수확률이 0%라고 해서 절대로 비가 내리지 않는 것은 아니랍니다.

5. 결혼반지는 왜 왼손 약지에 낄까?

 드라마나 영화의 결혼식 장면에서 왼손 약지에 반지를 끼워 주는 모습을 본 적 있나요? 다른 손가락도 있는데 왜 결혼반지는 왼손 약지에 끼는 걸까요?

 결혼반지를 왼손 약지에 끼는 건 고대 그리스에서 시작되었어요. 고대 그리스에서는 마음은 심장에 있고, 왼손 약지에는 심장과 연결된 굵은 혈관이 있다고 믿었기 때문에 왼손 약지에 결혼반지를 끼는 것은 영원한 사랑을 상징한다고 생각했어요. 그래서 오늘날까지도 결혼반지는 다른 손가락이 아닌 왼손 반지에 낀답니다.

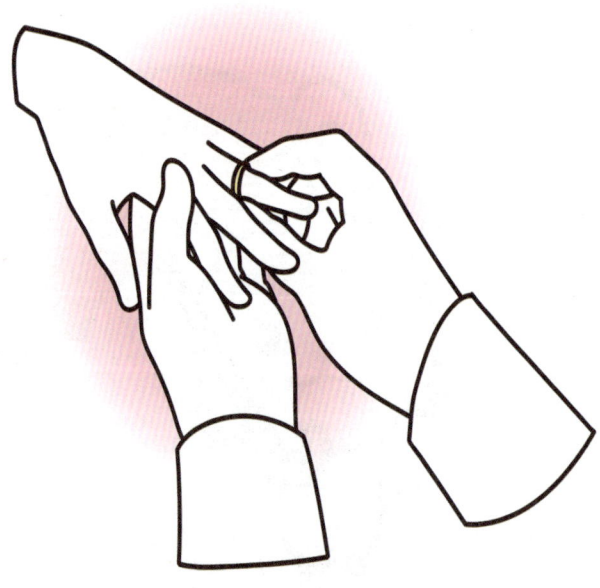

6. 영어로 '캅(cop)'이 경찰을 뜻하는 이유

 영어로 경찰은 'police officer' 또는 'policeman'이라 부르는 게 일반적이지요. 그런데 미국에서는 경찰을 '캅(cop)'이라고도 불러요. 이는 일종의 속어로 원래는 경찰을 비하하는 의미로 사용되다가 현재는 일반적으로 사용되는 말이에요.

 경찰을 '캅(cop)'이라고 하는지에 대해서는 몇 가지 유래가 있어요. 예전 경찰 제복의 단추를 구리(copper)로 만들어서 캅으로 부르게 됐다는 이야기, 또는 '순찰하는 경찰(constable on patrol)'의 첫 글자를 따서 캅이라고 부르게 됐다는 이야기가 있어요.

7. 터널의 조명은 왜 주황색이 많을까?

 산이나 해저 밑을 뚫어 자동차가 지나갈 수 있게 만든 통로를 터널이라고 해요. 산이 많은 우리나라에서는 터널을 많이 볼 수 있어요. 터널 안은 어두워서 조명을 설치하는데 일반적인 전구가 아닌 주황색의 '나트륨램프'를 많이 사용해요. 흰색이나 다른 밝은색 조명을 써도 될 텐데 왜 주황색 조명을 많이 사용할까요?

 주황색 조명은 다른 색이 섞이지 않은 단색광으로 여러 색이 섞인 백색광보다 사물의 형태를 명확하게 파악할 수 있어요. 또한 터널은 우리 눈에는 보이지 않지만 많은 매연과 먼지로 차 있는데, 이런 상황에서는 빛의 파장이 길수록 앞이 잘 보이기 때문에 빛의 파장이 긴 주황색 조명을 많이 사용한답니다.

8. 시계 광고의 시곗바늘이 10시 10분을 가리키는 이유

시계 광고나 백화점에 진열된 시계를 자세히 보면 같은 회사 제품이 아닌데도 시곗바늘은 10시 10분 부근, 초침은 35초나 40초 부근에 맞춰있는 모습을 볼 수 있을 거예요.

시곗바늘을 이렇게 맞추는 이유는 보통 문자판의 12시 바로 아래에 상표명이 표기된 제품들이 많은데 이를 가리지 않고 사람들이 잘 볼 수 있도록 하기 위해서라고 해요. 또 10시 10분으로 시침과 분침이 벌어진 120도 각도가 시계를 보는 사람들에게 안정감과 신뢰감을 줘서 시계를 사고 싶은 마음이 조금이라도 더 들게 한다고 하네요. 우리 친구들도 이제 시계 광고를 보게 되면 시침과 분침이 몇 시 몇 분을 가리키는지 잘 살펴보세요.

9. 기억력을 단기간에 상승시키는 방법

 시험을 보거나 발표를 하기 전까지 열심히 외웠는데 막상 시작하면 머리가 새하얗게 변하면서 외웠던 것들이 기억나지 않은 경험이 있나요? 어떻게 하면 기억력을 짧은 시간 안에 상승시킬 수 있을까요?

 바로 '뒤로 걷기'를 하면 기억력이 상승한다고 합니다. 하지만 매번 공부하면서 뒤로 걸을 수는 없겠지요. 그래서 실제로 뒤로 걸을 필요 없이 뒤로 걷는 상상을 하는 것만으로도 기억력이 향상된다고 해요. 이런 현상에 대해 과학적인 근거가 없어 이유를 알아내기 위해 많은 연구자가 노력하고 있다고 하네요. 뒤로 걷거나 뒤로 걷는 상상만 해도 기억력이 좋아진다는 사실에 대해 우리 친구들은 어떻게 생각하나요?

10. 기차와 시내버스에는 왜 안전벨트가 없을까?

 안전벨트는 자동차나 비행기 같은 운송 수단 안에 탄 사람을 좌석에 고정해 충돌 사고 시 피해를 줄여주는 안전장치예요. 그런데 기차에서는 안전벨트를 볼 수 없어요. 기차가 사고가 나지 않아 안전벨트가 필요 없는 게 아니라 기차의 무게가 워낙 무거워서 충돌이 발생하면 기차보다는 기차와 충돌한 쪽이 더 큰 피해를 보게 되고, 사고로 기차가 전복되었을 때 안전벨트를 착용하고 있으면 오히려 대피나 구조에 방해가 되기 때문이라고 해요.

 그러면 시내버스는 왜 안전벨트가 없을까요? 시내버스는 정거장 거리가 짧고 교통 신호의 통제를 받아 빠른 속도를 낼 수 없어 대형 사고가 생길 확률이 낮아요. 또한 안전벨트 설치를 의무화하면 자리가 없어서 서 있는 승객은 안전벨트를 착용할 수 없어서 버스를 탈 수 없게 되지요. 모두 자리에 앉으려면 많은 버스가 운행되어야 하는데 현실적으로 어렵기 때문에 시내버스에 안전벨트를 설치하지 않게 된 거랍니다.

11. 두 번째를 의미하는 '세컨드'가 시간 단위인 '초'인 이유

 우리가 사용하는 시간의 단위는 1시간이 60분, 1분이 60초로 되어 있는데 이는 고대 바빌로니아인이 발명한 60진법에서 유래되었어요. 1시간을 분할해서 나온 '첫 번째 작은 부분'을 의미하는 라틴어인 'pars minuta'에서 '분'을 의미하는 단어 '미닛(minute)'이 생겼어요. 그리고 1시간을 분할해서 나온 '두 번째 작은 부분'을 의미하는 라틴어인 'pars minuta secunda'에서 '초'를 의미하는 단어 '세컨드(second)'가 생겼지요. 그래서 '세컨드(second)'는 두 번째라는 뜻을 가지면서 시간 단위인 '초'를 표현하는 단어로 사용하게 된 거랍니다.

12. 영화나 드라마 속 경찰차는 왜 범인 근처에서도 사이렌을 안 끌까?

 영화나 드라마에서는 경찰이 범인을 잡으려 할 때 범인 근처에서도 사이렌을 끄지 않아서 사이렌 소리를 듣고 범인이 도망가는 장면이 나오곤 해요. 왜 조용히 범인을 잡지 않고 사이렌을 울려서 범인이 도망가게 만드는 걸까요? 영화나 드라마에서만 그랬던 것인지, 실제 상황에서는 다를까요?

 먼저 경찰차가 사이렌을 울리는 이유는 도로에 다른 운전자들에게 지금은 긴급 상황이니 빨리 지나가기 위해서 길을 양보해 달라는 의미로 사용해요. 소방차나 구급차도 같은 이유로 사이렌을 울리지요. 하지만 경찰차는 상황에 따라서는 사이렌을 울리지 않고 조용히 숨어 범인을 잡는 경우도 많이 있어요.

 그런데도 범인 근처에서 경찰차가 사이렌을 울리는 이유는 폭행, 살인, 강도 사건 등으로 출동했을 때 범인이 사이렌 소리를 듣고 범죄 행위를 멈출 수 있기 때문이에요. 범인이 행동을 멈추면 범인에게 피해받는 사람을 보호할 수 있지요. 사이렌 소리를 듣고 범인이 도주해도 주변 CCTV 등을 통해 범인을 잡을 수 있으니 걱정하지 않아도 된답니다.

13. 라이벌은 원래 서로 경쟁하며 성장하는 존재가 아니다

 우리 친구들은 라이벌이라는 말을 들어본 적 있나요? 라이벌은 적이지만 서로 경쟁하며 성장하는 존재라는 의미로 여러 곳에서 사용되고 있지요. 그러나 원래 영어인 'rival'은 경쟁 상대 혹은 적이라는 의미로 '좋은 경쟁자'라는 느낌은 전혀 포함되어 있지 않아요.

 영어 단어 'rival'은 강물을 같이 쓰는 사람이라는 뜻의 라틴어인 'rivalis'에서 유래되었어요. 그래서 처음에는 동료나 친구라는 의미로도 쓰였지만, 점점 '적'이라는 의미로만 한정해서 사용하게 되었어요. 하지만 시간이 지나면서 소설이나 영화, 드라마 등 여러 곳에서 라이벌을 서로 경쟁하며 성장하는 존재라는 의미로 사용했고 오늘날에는 우리가 알고 있는 뜻으로 사용하게 되었답니다.

14. 맨홀 뚜껑은 왜 둥근 모양일까?

 길을 걷다 보면 둥그런 금속 재질 뚜껑을 본 적 있을 거예요. 땅속에 묻어 둔 수도관이나 하수관, 전선 등을 확인하기 위해서 사람이 드나들 수 있게 만든 구멍을 맨홀이라 하는데 그 구멍을 덮은 뚜껑을 맨홀 뚜껑이라 불러요.

 맨홀 뚜껑이 둥근 이유는 몇 가지가 있는데 가장 큰 이유는 어떻게 닫아도 구멍에 떨어질 걱정이 없기 때문이에요. 사각형이나 삼각형, 타원형 뚜껑은 대각선으로 놓았을 때 구멍 속으로 떨어질 가능성이 있지요. 또 둥근 모양이라 뚜껑을 닫기도 쉽고, 무거워도 굴려서 옮길 수 있기 때문에 맨홀 뚜껑은 둥근 모양을 사용한답니다.

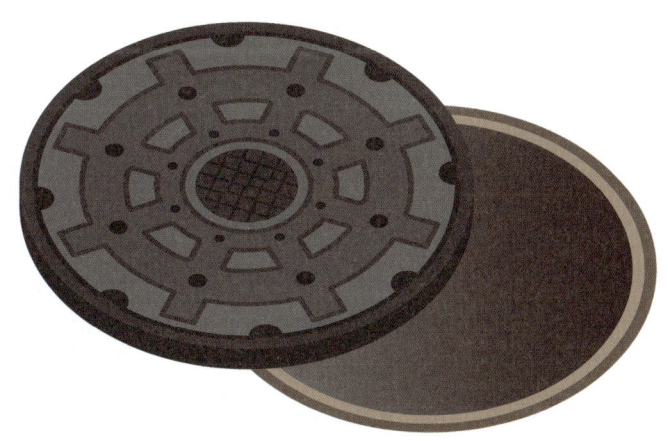

15. 모기향은 소용돌이 모양이 아니었다

 무더운 여름밤 귓가에 윙윙 소리를 내며 잠을 방해하고, 피를 빨아 가렵게 만드는 모기는 정말 불청객이지요. 그런 모기를 퇴치해 주는 고마운 존재인 '모기향'이 탄생한 것은 지금으로부터 무려 약 130년 전인 1890년이에요. 이 당시 만들어진 모기향은 절이나 제사 때 사용하는 향을 참고해 만들어서 우리가 아는 소용돌이 모양이 아닌 막대 모양이었지요. 하지만 막대 모양이라 금방 타버리고, 동시에 3개 이상을 사용해야 모기 퇴치 효과가 있었어요.

 그래서 개발된 것이 현재까지도 사용하는 소용돌이 모양 모기향인데, 똬리를 틀고 있는 뱀의 모습을 보고 힌트를 얻어 만들었다고 해요. 소용돌이 모양 모기향은 하나로 6~7시간을 피울 수 있어서 향 낭비도 심하지 않고, 모기 퇴치 효과가 더 좋아 널리 사용하게 되었답니다.

16. 바른 자세보다 안 좋은 자세가 왜 더 편할까?

의자에 등을 펴고 반듯한 자세로 앉는 것보다 허리를 축 늘어뜨리거나 다리를 꼬고 앉는 자세가 더 편하게 느껴질 거예요. 서 있거나 누워 있을 때도 마찬가지이지요. 왜 바른 자세라는데 더 불편하게 느껴지는 걸까요?

우리 몸은 뼈와 뼈 사이를 연결하는 관절과 인대, 근육으로 구성되어 있어요. 안 좋은 자세는 근육에 무리가 없지만, 관절과 인대를 무리하게 사용하게 되어 오랜 기간 안 좋은 자세로 있다 보면 관절과 인대가 손상되고 몸의 형태가 틀어지거나 통증이 생기게 된답니다.

또 다른 경우는 특정 근육만 과도하게 사용하는 자세예요. 특정 근육을 과도하게 사용하면 피로가 쌓이고, 올바른 자세를 유지하는 데에 필요한 다른 근육을 단련할 수 없어요. 결국 거북목 같은 구부정한 자세를 찾게 되고, 시간이 지날수록 올바른 자세를 취하는 것이 더 힘들어진답니다. 지금은 불편하고 힘들어도 올바른 자세를 유지해야 나중에도 힘들지 않고 건강할 수 있어요.

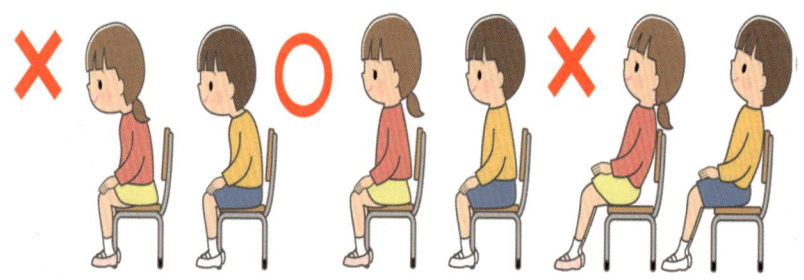

17. 바다에 번개가 치면 물고기는 살 수 있을까?

 여름 장마철 요란한 천둥소리와 함께 빛이 번쩍거리는데 우리는 이를 번개라고 불러요. 번개는 아주 강력한 전기 에너지를 갖고 있어서 맞게 되면 아주 위험하지요. 번개가 땅에 떨어지는 현상을 낙뢰 혹은 벼락이라고 불러요. 벼락을 맞아 목숨을 잃은 사람도 있어요. 이렇게 위험한 번개가 만약 바다에 친다면 바닷속 물고기들은 살 수 있을까요?

 일단 바다에 번개가 치는 경우는 육지와 비교했을 때 매우 드물어요. 그리고 바다에 번개가 치면 전류가 해수면에 쫙 퍼져 해수면 근처에 있는 물고기는 죽을 수도 있지만, 바닷속에 사는 물고기는 영향을 받지 않아요. 또 물고기들은 날씨가 나빠지면 평소 활동하는 수심보다 더 깊은 곳으로 내려가기 때문에 번개로 인해 피해를 보는 물고기는 거의 없다고 볼 수 있어요.

18. 버스에서 승차감이 좋은 자리는 어디일까?

 버스가 좌우로 회전하면 몸이 좌우로 기울어지고, 울퉁불퉁한 길을 지나면 위아래로 흔들리게 돼요. 그렇다면 버스에서 어디에 있어야 이런 흔들림이 적을까요?

 버스가 한쪽으로 회전할 때 기울기가 가장 큰 곳은 제일 앞쪽과 가장 뒤쪽이고 반대로 가장 적은 곳은 뒷바퀴 위쪽이에요. 이는 버스가 회전할 때 뒷바퀴 중앙을 지점으로 회전하기 때문이지요. 한편 울퉁불퉁한 도로를 지날 때는 바퀴 바로 위쪽 흔들림이 가장 크게 느껴지는데, 바퀴 바로 위쪽의 자리는 땅의 진동이 그대로 전해지기 때문이에요.

 그래서 흔들림과 기울어지는 현상이 가장 적은 버스 중간 부분이 가장 승차감이 좋은 곳이에요.

19. 볼링 선수들은 왜 공을 일직선으로 굴리지 않고 옆으로 회전해서 굴릴까?

 공을 굴려서 10개의 핀을 쓰러뜨리는 스포츠를 볼링이라고 해요. 핀을 많이 쓰러뜨릴수록 점수가 높아지는데 10개의 핀을 한 번에 쓰러뜨리는 걸 스트라이크라 부르고 점수가 가장 높아요. 그렇다면 볼링공을 일직선으로 굴리면 한꺼번에 잘 쓰러질 거 같은데, 볼링을 잘 치는 사람이나 볼링 선수들은 왜 일직선이 아닌 옆으로 회전을 주어서 공을 굴릴까요?

 정중앙을 노리고 일직선으로 공을 굴리면 생각과 달리 오차가 발생할 수밖에 없고, 10개의 핀 중 정중앙에 있는 핀은 잘 안 쓰러져서 스트라이크가 나올 확률이 낮아져요. 그래서 옆으로 회전을 주어서 공을 굴리면 정중앙에 있는 핀을 맞출 수 있고, 스트라이크 확률이 높아져요. 일직선으로 공을 굴리지 않아 도랑으로 빠질 수도 있지만, 스트라이크 확률을 높일 수 있기 때문에 볼링 선수들을 일직선이 아닌 옆으로 회전을 주어서 공을 굴린답니다.

20. 불쾌지수는 무엇을 기준으로 정할까?

 여름철 일기예보에서 자주 듣는 '불쾌지수'는 기온이 높을 때 느끼는 후텁지근함을 나타내는 지수로 1995년 미국에서 처음 사용했어요.

 불쾌지수는 '0.72 X (기온+습구 온도)+40.6=불쾌지수' 이렇게 계산해요. 여기서 습구 온도란 물에 젖은 천으로 감싼 온도계인 습구 온도계로 측정한 기온을 의미해요. 불쾌지수의 정도에도 기준이 있는데 70~75는 다소 불쾌, 75~80은 반 이상의 사람이 불쾌함을 느낌, 80 이상은 모든 사람이 불쾌하다고 느낌으로 분류해요.

21. 블루투스는 왜 '파란 이'일까?

 스마트폰과 이어폰을 연결하는 등 여러 가지 전자제품을 무선 LAN으로 서로 연결하는 기능을 '블루투스(Bluetooth)'라고 해요. 블루투스를 단어 그대로 직역하면 '파란 이'라는 뜻인데 왜 그럴까요?

 '블루투스(Bluetooth)'라는 명칭은 10세기 스칸디나비아 국가인 노르웨이와 덴마크를 통합한 왕 헤럴드 블루투스 곰슨의 이름에서 유래되었어요. 그가 스칸디나비아 국가들을 통일한 것처럼 서로 다른 통신 장치들을 통합하는 기술을 만드는 것을 목표로 한 스웨덴의 IT기업 에릭슨에서 블루투스라는 말을 사용하면서 널리 사용하게 되었답니다.

22. 비가 올 때 우산을 써도 왜 바지 밑단이 젖을까?

 비가 많이 오는 날에는 우산을 아무리 잘 써도 비를 완전히 피할 수 없어요. 특히 바람까지 강하게 불면 우산을 썼는지 모를 정도로 비에 젖곤 하지요. 그런데 비가 많이 오거나 바람이 강하게 부는 것도 아닌데 우산을 썼는데도 바지 밑단이 젖은 적 있나요?

 바지 밑단이 젖는 이유는 빗물이 바닥에서 튀거나 하늘에서 내리는 비를 맞아서 젖는 게 아니에요. 비 오는 날 걸을 때 땅에서 발을 떼면 신발 밑창과 땅 사이에 생긴 물기둥이 부서지면서 생긴 물방울이 튀어 올라 바지 밑단을 젖게 만든답니다. 간혹 신발 속으로 돌멩이가 튀어 올라서 들어가는 경우도 있듯이 빗물 또한 신발의 뒤꿈치 부위로부터 튕겨져 올라와 밑단을 젖게 만든다고 생각하면 더 쉽게 이해가 될 거예요.

23. 비행기에서 기장과 부기장이 식사 시간에 꼭 지켜야 할 규칙은?

비행기에는 비행기 운항을 책임지는 '기장'과 기장을 도와주는 '부기장' 2명의 조종사가 있어요. 이들에게는 승객의 안전을 위해 식사 시간에 꼭 지켜야 하는 특별한 규칙이 있어요.

그것은 바로 기장과 부기장이 반드시 서로 다른 음식을 먹어야 한다는 거예요. 그 이유는 혹시라도 음식을 먹고 한 사람에게 이상이 생기더라도 다른 한 사람은 무사히 비행기를 운항할 수 있어야 하기 때문이에요. 이러한 규칙은 1975년 일본항공의 비행기 내에서 기내식으로 인한 식중독 사건이 생긴 이후 생겼어요.

24. 비행기에서 일어난 범죄는 어느 나라 법률로 처벌될까?

 우리나라에서 출발해서 독일로 가는 비행기가 중국 상공을 지나갈 때 비행기 안에서 범죄가 일어난다면 어느 나라 법률로 처벌될까요? 독일 법일까요, 중국 법일까요? 정답은 한국 법이 적용된답니다.

 비행기가 어느 나라를 지나가고 있든 비행 중 비행기 안에서 일어난 범죄는 비행기가 등록된 나라의 법률에 따른다고 정해져 있어요. 하지만 이것은 비행기가 비행 중일 경우에만 적용되고, 비행기가 착륙한 뒤 범죄가 발생한다면 착륙한 나라의 법률이 적용된답니다.

25. 비행기 승객 중에는 항상 의사가 있을까?

 드라마나 영화를 보면 비행기 안에서 환자가 발생했을 때 승객 중에 의사를 찾아 환자를 치료하는 장면이 종종 연출되어요. 그렇다면 비행기가 착륙할 수 없는 상황에 응급 환자가 생기면 큰일인데 실제로도 비행기 승객 중에는 항상 의사가 있을까요?

 비행기 승객 중에 항상 의사가 있지는 않지만, 수백 명이 탑승한 비행기에는 의사가 꼭 한두 명씩은 있다고 해요. 의사가 없어도 승객 중 응급 환자가 생기는 경우 승무원들이 간단한 응급조치를 취하도록 항공사에서 교육하고 있어요. 또 정말 위급한 환자가 발생한 경우라면 비상 착륙하여 병원으로 이송할 수 있도록 조치한답니다.

26. 상한 음식을 끓여 먹으면 괜찮을까?

 음식을 보관하면서 먹을 때 가장 조심해야 할 사항은 바로 식중독이에요. 식중독은 식중독균에 의해 상한 음식을 먹고 설사나 구토, 발열 증상이 생기는 걸 말해요. 냉장고에 음식을 보관하거나 국물 요리를 반복해서 끓이는 이유는 음식이 상하지 않게 하기 위해서예요.

 그렇다면 상한 음식이라도 끓이면 식중독균이 죽을 테니 먹어도 괜찮겠다고 생각을 할 수도 있어요. 상한 음식에 열을 가하면 세균은 죽지만 세균이 만들어 낸 독소는 사라지지 않아요. 결국 상한 음식을 끓여서 먹어도 남아있는 독소 때문에 식중독에 걸릴 수 있어요. 상한 음식은 절대 먹으려 하지 말고 버려야 해요.

27. 색연필은 왜 깎아서 팔까?

 검은색만 있는 연필과 다르게 색연필은 알록달록하게 많은 종류의 색이 있어요. 그런데 색연필도 색만 있을 뿐이지 똑같은 연필인데 왜 연필처럼 그냥 팔지 않고 깎아서 파는 걸까요?

 일반 연필이 검은색이라는 사실은 누구나 알고 있는데 비해 색연필은 깎지 않으면 심의 색깔을 알 수 없기 때문이에요. 또 색연필은 보통 12색, 24색 등 세트로 파는 경우가 많아서 사용하기 전에 깎는 시간을 절약하기 위해 깎아서 판다고 해요.

28. 세계에서 가장 많이 불리는 노래는?

 세계에서 가장 오래된 노래는 이집트의 '셰도프'라는 노래예요. 이 노래는 고대 이집트인이 나일강의 물을 퍼 올릴 때, '셰도프'라고 하는 두레박을 이용하면서 흥얼거리던 것으로 지금까지도 불리고 있어요. 그럼 세계에서 사람들이 가장 많이 부르는 노래는 무엇일까요?

 바로 우리 친구들도 한 번쯤은 불러보고 들어 봤을 'Happy birthday to you', 즉 '생일 축하곡'이에요. 이 노래는 세상에서 가장 많이 불리는 노래로 기네스북에도 올랐으며 미국 작곡가와 작사가, 음반 제작자 협회가 선정한 20세기 최고의 히트곡으로도 선정되었어요.

29. 세계 최초의 전자메일 내용은 무엇일까?

 'E-mail(이메일)'이라고 흔하게 부르는 전자메일이 탄생한 것은 1971년이에요. 전자메일을 개발한 사람은 미국의 IT 기술자인 레이 톰린슨으로 세계 최초로 전자 메일을 보낸 사람도 당연히 레이 톰린슨이에요. 세계 최초라는 의미가 있는 전자메일에는 과연 어떤 내용을 썼을까요?

 세계 최초의 전자메일 내용은 바로 'QWERTYUIOP'에요. 무슨 의미가 담겼을까 궁금하지 않나요? 어떤 의미가 담겼는지 나중에 레이 톰린슨에게 묻자 그는 특별한 의미가 담긴 글자가 아닌 키보드 왼쪽에서부터 적당히 입력한 문자라고 말했답니다.

30. 식당에서 수저 밑에 휴지를 까는 것이 정말 위생적일까?

 식당에서 밥을 먹을 때 휴지를 깔고 그 위에 수저를 올리는 경우가 많이 있어요. 식당 테이블은 깨끗하게 청결을 유지하는 곳도 있지만, 불특정 다수가 이용하기 때문에 눈에 보이지 않은 세균 등으로 인해 비위생적일 수 있다는 생각이 들 수 있어요. 그래서 휴지를 깔고 그 위에 수저를 올리는 게 하나의 매너라 생각하지요. 그렇다면 정말로 휴지 위에 수저를 올리는 것이 위생적일까요?

 사실 어떻게 하든 큰 의미는 없어요. 집에서 먹는 게 아니라면 식당에서는 테이블뿐만 아니라 수저의 위생 상태, 주방의 위생 상태 등 위생을 제대로 확인해야 한다면 따져야 할 사항들이 많이 있지요. 또 수저 밑에 까는 휴지의 상태가 반드시 위생적이라고 확신할 수는 없기 때문에 큰 의미가 없답니다. 위생을 생각한다면 가장 좋은 방법은 앞접시나 그릇 위에 수저를 두는 게 더 좋은 방법이에요.

31. 스위트룸은 '달콤한 방'이 아니다?

호텔에서 최고급 방을 '스위트룸'이라고 하는데 이름만 들으면 '달콤한 방'이라는 의미라 생각할 수 있어요. 하지만 스위트룸의 스위트는 '달콤함, 단'을 의미하는 'sweet'가 아닌 '한 벌'이라는 의미의 'suite'를 사용해요. 그래서 스위트룸이란 침실과 거실과 욕실이 하나로 연결된 방, 즉 넓고 호화로운 방이라는 뜻이랍니다.

32. 스카치테이프가 여러 겹일 때 노랗게 보이는 이유

집이나 학교에서 스카치테이프를 본 적 있을 거예요. 사실 스카치테이프의 정확한 명칭은 '접착용 셀로판테이프'인데 3M사의 테이프 브랜드 '스카치(Scotch)'에서 이름을 따와 스카치테이프라고 흔히 부르고 있어요. 테이프에는 여러 종류가 있는데 양면이 아닌 한쪽 면에만 접착제가 칠해져 있는 테이프의 경우 낱장을 떼어 내서 보면 투명한데, 여러 겹으로 겹쳐서 말려 있을 때는 왜 노랗게 보일까요?

그 이유는 점착제로 사용되는 아크릴 소재 물질이나 합성 고무가 노란색을 띄기 때문이에요. 그럼 낱장으로 떼어 냈을 때도 노란색으로 보여야 할 텐데 투명하게 보이는 이유는 고체로 된 필름일 경우 물체에 빛이 흡수되는 정도가 다른데 두꺼울수록 빛을 더 많이 흡수해요. 즉, 낱장으로 떼어 낸 테이프도 사실 노란색을 띄는데 빛이 조금 흡수되어 우리 눈에는 투명하게 보이는 것이고, 두께가 두꺼워졌을 때 테이프 고유의 색이 잘 보이게 되는 거랍니다.

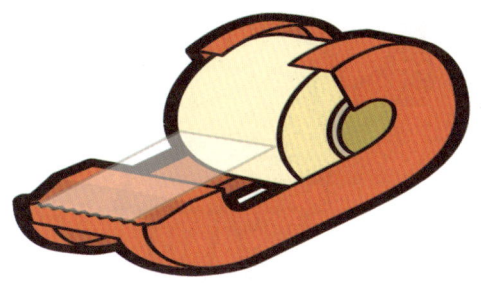

33. 스님이 목탁을 두드리는 이유

'똑! 똑! 또로록' 절에 가면 스님이 목탁을 두드리며 불경을 외는 모습을 볼 수 있어요. 그냥 불경을 외도 괜찮을 텐데 왜 목탁을 두드릴까요?

목탁을 사용하게 된 이유에는 여러 가지 설이 있는데 가장 유력한 설은 졸음을 쫓기 위해서라고 해요. 예전에 목탁은 진짜 물고기를 본뜬 평평한 형태로 무언가를 알릴 때 소리를 내는 도구로 사용되었어요. 여기에는 '밤이나 낮이나 눈을 뜨고 있는 물고기처럼 수행을 게을리하지 말고 정진해 중생들을 구제하라'라는 의미가 담겨 있다고 해요. 그 외에도 옛날에 게으른 스님이 축생도에 떨어져서 물고기가 되었는데 이를 경계하기 위해 목탁을 두드리게 되었다는 이야기도 있어요.

34. 아카데미 시상식 트로피인 '오스카'의 모델은 누구일까?

 세계에서 가장 유명한 영화제인 아카데미 시상식은 그 해 1년 동안 공개되었던 영화를 대상으로 미국영화예술과학아카데미가 선출한 우수 작품에 상을 수여해요. 우리나라도 영화 '기생충'이 작품상을, 윤여정 배우님이 여우조연상을 받으며 화제가 되었죠. 아카데미 시상식에 수상자는 '오스카'라 불리는 트로피를 받아요. 손에 긴 칼을 들고 있는 남성이 필름을 감은 얼레 위에 서 있는 형상의 트로피로 길이는 34cm, 무게는 3.85kg이에요. 그렇다면 '오스카' 트로피의 모델은 누구이며, 왜 '오스카'라고 부르게 되었을까요?

 공식적으로 알려진 바는 없지만 가장 널리 알려진 이야기로는 멕시코의 배우이자 영화감독인 에밀리오 페르난데스에게서 영감을 얻어 디자인했다고 해요. 또 오스카라 부르게 된 이유는 시상식 관리자 중 한 명이 트로피를 보고 "내 삼촌 오스카하고 많이 닮았네요."라고 말한 데서 유래되었다고 알려져 있어요.

35. 아프리카의 '오리건 아메리카 부족'이 우울증에 걸린 사람에게 하는 질문은?

우울증은 우울한 기분이 쉽게 사라지지 않고 오래 지속되는 상태를 말해요. 우울증이 심각해지면 원래의 기분을 되찾기 힘들어지고, 병원에 찾아가 치료를 받아야 해요. 우울증에 걸린 사람이 치료를 위해 병원에 가듯 아프리카의 '오리건 아메리카 부족'의 사람들은 우울증에 걸린 사람이 있다면 부족의 치료사에게 데리고 가요. 치료사는 우울증 환자에게 몇 가지 질문을 하는 데 어떤 질문을 할까요?

첫째, '당신이 마지막으로 노래한 건 언제인가요?', 둘째, '당신이 마지막으로 춤을 춘 건 언제인가요?', 마지막으로 '당신이 자신의 이야기를 한 건 언제인가요?' 이렇게 세 가지 질문을 해요. 이런 질문을 하는 이유가 있답니다. 노래하고 춤출 때는 기분이 즐거워지고 몸에 에너지가 생기며 활기찬 느낌이 들지요. 이런 기분을 느낀 것이 언제인지 기억나지 않을 만큼 오래되었다면 우울증에 걸릴 수밖에 없어요. 그리고 내 이야기를 다른 사람에게 하고, 그 이야기를 귀 기울여주는 사람이 있다면 우울한 기분이 한껏 나아지게 돼요. 그래서 세 가지 질문을 하고 질문에 답하면서 우울증을 치료한답니다.

36. 약값이 평소보다 비싼 시간대가 있다?

 우리는 아프면 병원에 가서 진료를 받고 난 후 처방전을 들고 약국에 가서 약을 받아요. 그런데 병원에서 받은 처방전을 건네주고 받는 약은 항상 같은 가격이 아니라 시간대에 따라 가격이 조금 달라져요. 왜 똑같은 약인데 시간대에 따라 약값이 달라지는 걸까요?

 약값이 비싸지는 시간대는 평일 오후 6시부터 다음 날 오전 9시까지예요. 토요일은 오후 1시부터 다음 날인 일요일까지 내내 비싼 가격을 유지하죠. 약값이 비싼 이유는 늦은 저녁이나 휴일에 일하는 약사를 위한 것이에요. 모두 휴식을 취하고 있을 때도 약사는 약이 필요한 환자를 위해 일을 하고 있으니 수고로움에 대해 보상을 주는 거랍니다. 하지만 이 시간에 가서 약을 사도 엄청 비싼 건 아니니까 너무 걱정하지 마세요.

37. 어버이날에 왜 카네이션을 선물할까?

매년 5월 8일은 '어버이날'이에요. 우리 친구들도 아마 어버이날에 부모님께 편지와 카네이션을 드린 경험이 있을 거예요. 그런데 다른 꽃들도 많은데 왜 어버이날에는 카네이션을 선물할까요?

이를 알기 위해서는 미국의 '어머니의 날'의 유래에 대해 알아야 해요. 1910년대 미국 웨스트버지니아주의 한 교회에서 일요 학교의 여성 교사인 애나가 자신의 어머니 기일에 감사를 표하는 예배를 하면서 시작된 어머니의 날은 1914년에 매년 5월 2번째 일요일은 어머니의 날로 공식 지정되었어요. 이때 애나는 어머니를 추모하기 위해 생전에 어머니가 좋아하던 카네이션을 교회 신도들에게 나눠주었는데 이러한 행동이 하나의 풍습으로 자리 잡아, 오늘날까지도 어버이날에 카네이션을 선물하게 되었답니다.

38. 엘리베이터가 느리다는 사람들의 불만을 잠재운 아이디어는?

엘리베이터는 높은 건물을 편하게 오르내리기 위해 꼭 필요한 시설이에요. 엘리베이터는 1854년 미국에서 처음 등장했는데, 당시 사람들은 엘리베이터가 너무 느리다고 불만이 많았어요. 당시 엘리베이터가 느린 이유는 엘리베이터 줄이 혹시라도 끊어지면 작동을 멈추는 안전장치 때문이었죠. 엘리베이터 속도를 빠르게 하기 위해서 안전장치를 제거할 수는 없는데 어떻게 사람들의 불만을 해결했을까요?

 엘리베이터 속도에 대해 고민일 때, 어느 건물 관리인이 뜻밖의 이야기를 했어요. 관리인은 엘리베이터의 속도가 느린 게 문제가 아니라 느릿느릿 올라가는 동안 지루함을 참을 수 없어서 불만이라고 했죠. 이야기를 듣고 엘리베이터 안에서 사람들이 지루함을 느끼지 않도록 거울을 설치했고, 엘리베이터를 탄 사람들은 거울을 보며 옷매무새를 가다듬고 머리를 만지느라 시간 가는 줄 몰랐어요. 그렇게 엘리베이터가 느리다는 불만은 순식간에 사라졌답니다.

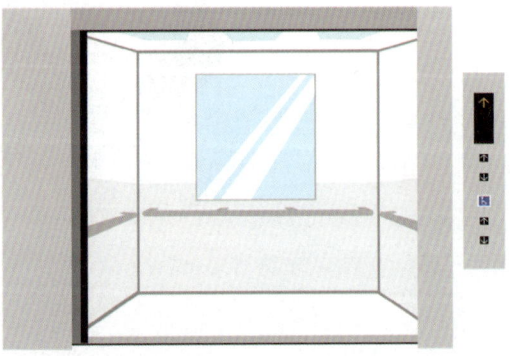

39. 연필의 'B', 'H', 'F'는 무엇을 의미하는 걸까?

 공부할 때 쓰는 HB 연필, 미술 시간에 쓰는 4B 연필 차이를 아는 친구들도 있을 거예요. 연필의 심은 흑연과 점토를 혼합해서 만드는데 흑연과 점토의 비율에 따라 연필심의 단단한 정도와 진하기가 달라져요. 연필의 단단한 정도와 진하기를 구분하기 위해 'B', 'H', 'F'로 표기하는 데 무엇을 의미하는 걸까요?

 부드럽고 진한 연필에 표시하는 'B'는 영어로 검은색을 의미하는 '블랙(Black)'의 머리글자이고 단단하고 옅은 연필에 표시하는 'H'는 딱딱하다는 의미인 '하드(Hard)'의 머리글자, 'F'는 견고하다는 의미의 '펌(Firm)'의 머리글자예요. 즉 'HB'는 진하기와 딱딱함을 함께 가지고 있는 연필심이라는 뜻이에요. 'B'나 'H' 앞에 숫자가 있는 연필도 있는데, 'B' 앞에 숫자는 클수록 연필심이 더 진해지고, 반대로 'H' 앞에 숫자는 클수록 연필심이 연하다는 의미예요.

40. 수돗물 온수가 뿌옇게 보이는 이유는

 화장실 수도꼭지에서 수돗물 온수를 틀어 컵이나 그릇에 받아 확인해보면 뿌옇게 보일 거예요. 냉수는 깨끗한데 왜 온수는 뿌옇게 보이는 걸까요? 뜨거운 온수가 수도관을 녹여서 안 좋은 성분이 들어간 걸까요?

 온수를 사용하려면 보일러를 작동하게 되는데 차가운 물이 보일러 안에서 수도관을 지나며 강한 압력으로 데워져요. 이때 물 안으로 갑자기 많은 양의 공기가 들어가는데, 수도꼭지를 통해 물이 수도관 밖으로 나오면 물에 들어간 공기가 다시 밖으로 나가면서 미세한 거품들이 많이 생겨요. 그래서 온수가 우리 눈에는 미세한 거품들 때문에 뿌옇게 보이지만, 시간이 지나면 공기가 다 빠져나가 다시 투명하게 보인답니다. 이렇게 온수가 뿌옇게 보이는 현상을 '백수 현상'이라고 해요.

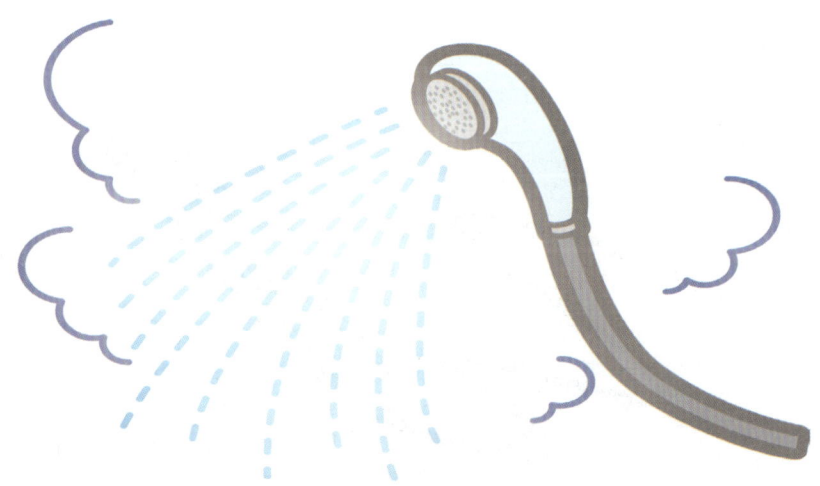

41. 왜 우유갑은 여는 방향이 정해져 있을까?

 우유는 종이로 된 갑에 담겨 판매되고 있어요. '게이블 탑(Gable top)'이라 부르는 종이로 된 갑에 우유를 넣는 방식은 많은 나라에서 이용하는데 편리하고, 안전하고, 경제성이 높기 때문이에요. 그런데 우유갑을 보면 '반대편을 여십시오'라는 문구가 있는데 왜 여는 방향이 정해져 있는 걸까요?

 우유갑에 우유가 담기면 기계가 뜨거운 열로 입구를 압축, 봉인하는데 여는 쪽은 반대쪽보다 접착력이 약하게 압축, 봉인해요. 즉 접착력이 약하니 쉽게 열 수 있지요. 물론 어느 방향으로 열어도 상관없다고 생각할 수 있어요. '반대편을 여십시오' 문구가 있는 쪽도 뻑뻑하긴 하지만 잘 열리니까요. 하지만 문구가 적힌 쪽을 열면 종이 보풀이 생기게 되고, 우유를 마실 때마다 종이 보풀이 우유와 접촉하고 우유갑 속으로 종이 보풀이 들어갈 수 있어요. 건강에 해로운 건 아니지만 정해진 방향으로 열면 보풀이 생기지 않으므로 정해진 방향대로 여는 게 좋아요.

42. 웨딩드레스는 왜 흰색일까?

 결혼식에서 새하얀 웨딩드레스를 입은 신부를 보면 정말 아름다워요. 웨딩드레스가 흰색이 아니라 다른 색인 경우도 있지만 대부분은 흰색을 많이 입는데 왜 그럴까요?

 1840년 영국의 빅토리아 여왕은 앨버트 공과 결혼식을 올릴 때 흰색 천으로 만든 드레스를 입고 레이스가 달린 베일을 썼어요. 사실 이전까지는 결혼식 의상에 정해진 색은 없었는데, 빅토리아 여왕 결혼식 이후 화목하고 즐거운 이상적인 가정을 꾸린 여왕을 닮고 싶다는 마음에 중상류 계급의 여성들이 흰색 웨딩드레스를 입기 시작했어요. 이렇게 흰색 웨딩드레스는 점점 '순결'의 상징이 되었고, 19세기 후반부터는 중상류 계급뿐만 아니라 많은 사람이 입으면서 오늘날까지도 웨딩드레스는 흰색이라는 공식이 자리 잡게 되었답니다.

43. 의사 수술복은 왜 초록색일까?

 환자를 진료해 주는 의사는 보통 흰색 가운을 입고 있어요. 흰색 가운에 이물질이 묻으면 쉽게 눈에 띄기 때문에 세균을 통한 감염을 예방할 수 있기 때문이지요. 그런데 수술실에 들어갈 때는 흰색 가운을 벗고 초록색 수술복을 입는데 왜 그럴까요?

 수술복이 초록색인 이유는 '보색 잔상'과 관련이 있어요. '보색'이란 두 가지 색의 빛을 혼합했을 때 흰색이 되는 것을 말해요. '보색 잔상'이란 한 가지 색을 계속 보다가 흰색 표면에 눈을 옮기면 계속 보던 색의 보색이 잔상으로 남아 눈에 아른거리는 현상이에요. 즉, 빨간색의 보색은 초록색인데 빨간색을 계속 보다가 흰색 벽이나 옷을 보면 초록색이 눈앞에 보이게 되는 거죠. 의사들이 환자를 수술할 때 붉은색 피에 오랫동안 노출될 수밖에 없는 환경이라 흰색 가운을 입고 수술을 한다면 보색 잔상 때문에 혼란스러울 거예요. 그래서 초록색 수술복을 입는 이유는 보색 잔상으로 인한 혼동을 막기 위해서예요.

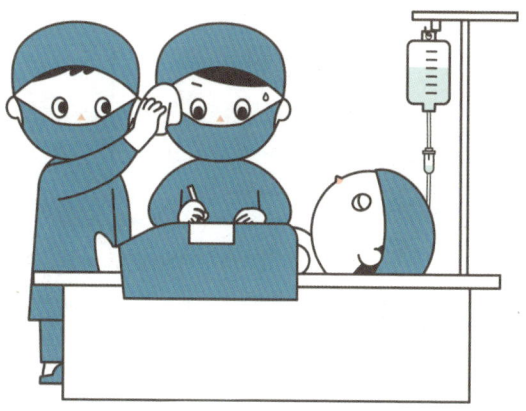

44. 이발소의 상징인 빨간색, 흰색, 파란색 삼색의 의미

 이발소 앞에 빨간색, 흰색, 파란색 세 가지 색이 들어간 회전등이 빙글빙글 돌고 있거나 출입문 등에 그려져 있는 걸 본 적 있나요? 이발소의 상징인 세 가지 색은 어떤 의미가 있을까요?

 삼색 회전등의 유래는 중세 유럽으로 거슬러 올라가요. 당시에는 이발을 비롯한 상처의 치료에 종사하던 '이발 외과의'라는 직업이 있었어요. 이발 외과의의 치료법 중에는 침으로 피를 뽑아내는 치료법이 있었는데 이때 빨갛게 칠해진 봉을 사용했어요. 그리고 치료 뒤에 하얀 붕대로 감았지요. 그래서 당시에는 빨간 봉과 하얀 붕대를 의미하는 빨간색과 흰색이 들어간 간판을 사용했어요. 그 후 기술이 발전하여 치료는 병원에서 하고 이발소에서는 이발만 하게 되자 파란색을 추가했고 오늘날까지도 이발소를 상징하는 세 가지 색으로 사용하게 되었답니다.

45. 일란성 쌍둥이는 대리 시험이 가능할까?

 쌍둥이는 일란성 쌍둥이와 이란성 쌍둥이가 있는데 일란성 쌍둥이는 특히나 성별과 생김새가 똑같아서 겉모습만 봐서는 구별하기가 쉽지 않아요. 남들이 구별하기 어려울 정도로 똑같이 생겼다면 대리 시험도 가능하지 않을까요?

 수능이나 다른 시험에서 대부분 신분증의 사진과 얼굴을 비교해보고 확인하는데 겉모습이 똑같은 일란성 쌍둥이는 구별이 쉽지 않을 거예요. 그래서 수능 등 일부 시험에서는 '필적 확인란'이 있는데 일란성 쌍둥이라도 글씨체는 다르기 때문에 문제가 생기면 대리 시험인지, 본인인지 확인이 가능하답니다. 하지만 필적 확인은 문제가 생겼을 경우만 확인하기 때문에 누구도 의심하지 않는다면 대리 시험을 볼 수 있어요. 그래도 현실적으로 일란성 쌍둥이인 사람들의 수는 적고, 나이가 똑같은 일란성 쌍둥이가 대리 시험을 치르는 일은 매우 어렵기 때문에 대리 시험을 보는 일은 거의 없다고 해요. 그런데도 대학 입학 논술 시험이나 운전면허 필기시험을 일란성 쌍둥이가 대리 시험을 본 사례가 있지만 걸려서 처벌받았다 하니 위험을 감수하면서 대리 시험을 치르는 사람은 없을 거예요.

46. 한번 사면 빨리 읽을 수밖에 없는 책이 있다?

 새 책을 사면 설레고 즐거운 기분이 들어요. 하지만 이런 기분도 잠시, 얼마 못 가 책장에 꽂혀버리는 신세가 되고 말지요. 책을 끝까지 읽는 건 생각보다 쉬운 일이 아니기 때문이에요. 아르헨티나의 한 출판사에서는 책을 끝까지 읽을 수밖에 없는 책을 만들었는데 어떤 책일까요?

 바로 공기나 햇볕에 노출되면 약 60일 만에 증발하는 특수 잉크를 사용해서 책을 만들었어요. 책을 펼친 순간부터 두 달이 되기 전에 읽지 않으면 종이 위에 인쇄된 글자들이 사라져서 책을 끝까지 읽을 수 없게 만든 거죠. 이 신기한 책을 사기 위해 수백 명의 사람이 줄을 서서 기다렸다고 해요. 책을 처음부터 끝까지 다 읽는 것도 좋지만, 더 중요한 것은 독서를 즐기는 마음이랍니다.

47. 전기면도기는 어떻게 탄생했을까?

대부분의 남자는 성인이 되면 코와 입술 사이나, 턱에 수염이 자라요. 빨리 자라는 사람은 매일 면도를 해요. 면도기는 T자 형태의 칼날 면도기도 있지만, '윙~ 윙~' 소리를 내며 작동하는 전기면도기도 있어요.

전기면도기는 1931년 미국의 제이콥 쉬크가 발명했어요. 그는 알래스카 육군기지에서 근무할 때 T자 형태의 면도기를 사용했었는데, 면도를 하기 위해선 물이 필요했어요. 그런데 겨울이면 물이 얼어서 두꺼운 얼음을 깨고 면도를 해야 하는 불편함이 있었지요. 그래서 생각해낸 것이 전기 모터를 이용한 면도기였어요. 하지만 힘이 세고 성능이 좋은 모터는 모두 크고 묵직해서 면도기로 사용할 수 없었어요. 그래서 쉬크는 5년에 걸쳐 작은 모터를 개발해 결국 전기면도기를 만들었어요. '필요는 발명의 어머니'라는 말이 있듯 불편한 점을 그냥 넘기지 말고 어떻게 해결할지 고민해보면 우리 친구들도 기존에는 없던 발명품을 만들 수 있을 거예요.

48. 전쟁이 나면 교도소 수감자들은 어떻게 될까?

 다른 사람의 물건을 훔치는 등 나쁜 일을 저지른 범죄자들은 교도소에 가요. 교도소에 가면 일정 시간이 지나야 다시 사회로 나올 수 있지요. 그런데 전쟁이 발생하게 되면 교도소에 있는 수감자들은 어떻게 될까요? 대피하기 위해 전부 풀어준다면 살인 같은 무거운 범죄를 저지른 사람들도 나와서 큰 문제를 일으킬 수 있어요. 그렇다고 그냥 두면 그 안에서 죽으라는 말과 다를 바 없으니 비윤리적이지요.

 전쟁이 나면 아직 재판이 끝나지 않아 형이 확정되지 않은 수감자나 가벼운 죄를 저지른 수감자들은 일시적으로 석방하거나 전쟁으로 인한 특별 석방을 해요. 물론 전부 한꺼번에 내보내는 게 아니라 우선순위를 두고 석방하지요. 이렇게 수감자 수를 최대한 줄인 다음에 살인 같은 무거운 범죄를 저지른 사람들은 전쟁 지역과 최대한 떨어진 후방의 교도소로 이동해요. 앞서 말한 대로 무거운 범죄를 저지른 사람들까지 풀어준다면 큰 문제를 일으킬 수 있기 때문이지요.

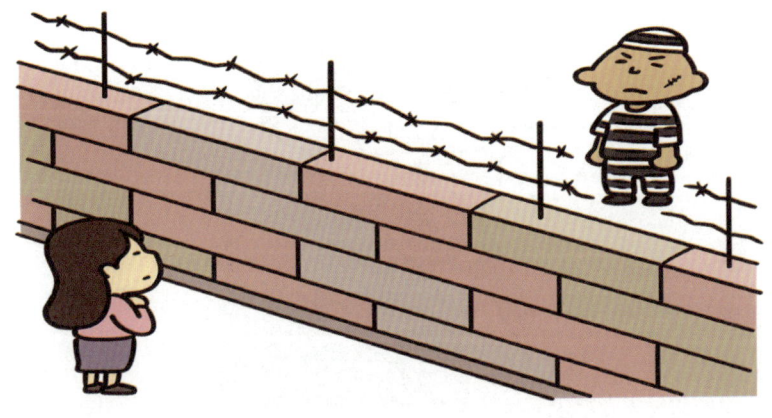

49. 창의적인 사람일수록 불평을 많이 한다?

 남들과 다른 기발한 방법으로 문제를 해결하는 사람을 보고 창의적인 사람이라고 해요. 세상에 없던 생각과 방법을 새롭게 만드는 것을 '창의적'이라고 말하고 이런 능력을 키우기 위해서 많이 노력하지요. 그런데 미국의 한 대학에서 연구한 결과 창의적인 사람일수록 불평을 많이 한다는데 왜 그럴까요?

 기존 방식에 불만을 느끼면서 불평을 계속하다 보면, 그 불편한 마음을 해소하기 위해 새로운 해결 방법을 생각하게 되고 결국 창의적인 방법을 만들어내는 경우가 많다고 해요. 하지만 불평으로 끝나지 않고 해결 방법을 찾기 위해 노력하는 자세가 창의적인 사람을 만드는 가장 중요한 부분이라고 볼 수 있어요.

50. 채소가 스트레스를 받을 때 하는 행동은?

 우리는 식사할 때 밥과 고기뿐만 아니라 채소도 같이 곁들여서 많이 먹곤 해요. 채소를 안 먹으면 건강이 안 좋아지거나 질병에 걸릴 수 있어요. 그만큼 채소는 빠져서는 안 되는 중요한 음식 재료예요. 그런데 채소가 스트레스를 받으면 인간들은 모르는 어떤 행동을 한다는데 무엇일까요?

 이스라엘의 한 대학 연구팀이 연구한 결과 채소가 스트레스를 받으면 마치 비명을 지르는 것처럼 소리를 낸다고 해요. 이 소리는 20~100kHz(킬로헤르츠)의 초음파로 사람들은 들을 수 없어요. 하지만 채소로부터 3~5m 안에 있는 동물과 곤충들은 이 소리를 들을 수 있다고 해요. 그래서 채소가 소리를 내면 주변의 동물과 곤충들에게 영향을 주고 나방 같은 곤충은 특정한 소리를 내는 식물의 주변에는 알을 낳지 않는다고 해요.

51. 최초의 진공청소기 크기는?

 실내에 먼지를 흡입하는 진공청소기가 있으면 청소를 편하고 깔끔하게 할 수 있어요. 이렇게 편리한 진공청소기를 처음 발명한 사람은 영국의 세실 부스라는 발명가인데 최초의 진공청소기는 어떻게 만들어진 거고, 크기가 얼마만 했을까요?

 세실 부스가 진공청소기를 발명하기 이전에도 청소기는 있었는데 바람을 불어서 먼지를 치우는 청소기였어요. 세실 부스는 바람을 빨아들이는 방식이 청소에 더 효과적이지 않을까 고민하다가 입을 손수건으로 감싼 후 힘껏 숨을 들이쉬자 손수건에 먼지가 들러붙은 거에 힌트를 얻어 흡입식 청소기, 즉 진공청소기를 발명해냈어요. 당시 청소기의 크기는 지금의 냉장고 크기와 비슷해서 청소할 때 2명이 필요했다고 해요.

52. 전기 콘센트의 구멍은 왜 기울어져 있을까?

 전자 기기를 사용하기 위해서는 전원 플러그를 전기 콘센트에 꽂아야 해요. 그런데 콘센트 구멍을 자세히 보면 수평으로 되어 있지 않고 45도 기울어져 있는데 왜 그럴까요?

 전자 기기에서는 매우 적은 양이지만 전기가 새어 나오는데 이를 누설전류라 해요. 이런 누설전류로 인해서 문제가 생기지 않도록 땅으로 전기를 보내는 것을 접지라고 하지요. 전자 기기 플러그에는 접지를 위해 은색이나 금색으로 반짝이는 접지극이 있어요. 접지극이 없는 플러그도 있지만, 접지극이 있는 플러그의 경우 대부분 'ㄱ'자 형태로 생겼어요. 그런데 'ㄱ'자 형태로 생긴 플러그를 수평으로 되어 있는 콘센트에 2개 이상 꽂으려면 제대로 꽂기 힘들고 코드를 꺾어서 꽂았다가 화재가 발생할 수 있어요. 그래서 구멍을 45도로 기울이면 'ㄱ'자 형태의 플러그를 2개 이상 사용해도 문제없이 잘 꽂을 수 있기 때문에 전기 콘센트의 구멍이 기울어져 있는 거랍니다.

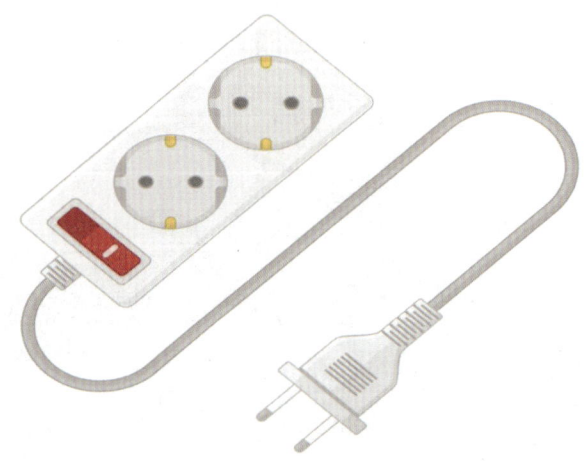

53. 크리스마스를 'X-mas'라고 쓰는 이유

 12월 25일 크리스마스가 다가올 무렵이면 'X-mas'라고 쓰인 광고나 물건들을 볼 수 있어요. 왜 크리스마스(Christmas)를 'X-mas'라고 할까요?

 크리스마스의 'Christ'는 예수 그리스도(구세주)를, 'mas'는 예배나 축제일을 의미해요. 그런데 그리스어에서는 예수 그리스도를 'χριστος'라고 표기해요. 즉 영어의 Christ를 그리스어의 첫 글자 X로 바꾼 것이 'X-mas'예요. 하지만 유럽의 여러 나라에서는 'X-mas'라는 표기는 공식적인 자리에서는 잘 쓰지 않는다고 해요. X가 단순히 영어의 알파벳 중 하나로 알려져 상업적으로 많이 사용되고 종교적인 의미가 사라졌다고 생각하기 때문이랍니다.

54. 컴퓨터 키보드의 알파벳이 불규칙한 이유

 컴퓨터 키보드의 알파벳을 보면 A, B, C 순서대로 되어 있지 않고 규칙을 알 수 없는 이상한 순서로 되어 있어요. 순서대로 있으면 키보드를 처음 사용하는 사람도 쉽게 익숙해질 것 같은데 왜 불규칙하게 되어 있을까요?

 일반적인 키보드 알파벳의 구성은 제일 윗줄에 있는 글자를 왼쪽에서부터 읽어 '쿼티(QWERTY) 배열'이라고 불러요. 쿼티 배열은 타자기가 처음 발명되었을 때 정해졌어요. 타자기는 글자가 새겨진 금속인 활자가 잉크리본을 두드려 종이에 인쇄하는 구조이기 때문에 많이 사용하는 문자가 나란히 붙어 있으면 활자끼리 엉겨서 기계가 쉽게 고장 날 수 있어요. 그래서 이러한 문제를 해결하기 위해 '쿼티(QWERTY) 배열'이 탄생했고 우리가 사용하는 키보드까지 이어져 온 거랍니다.

55. 트럼프 카드의 '스페이드 에이스'만 그림이 큰 이유

 트럼프 카드는 다이아몬드, 스페이드, 클로버, 하트 4종류가 A(에이스)와 2부터 10까지, J(잭), Q(퀸), K(킹)으로 각각 13장씩, 조커 2장으로 총 54장의 카드로 구성되어 있어요. 다이아몬드, 스페이드, 클로버, 하트의 A(에이스) 카드를 늘어놓고 보면 스페이드의 그림만 크고 복잡하게 그려져 있는데 왜 그럴까요?

 18세기 산업 혁명 때 영국에서는 여가 시간에 카드 게임이 유행이었는데 당시 일하지 않고 노는 것은 잘못된 일이라는 사회적 분위기 때문에 트럼프 카드에 세금을 매겼어요. 세금을 낸 카드라는 증거로 어떤 한 장의 카드에 그려진 디자인을 복잡하게 만들어서 위조품을 막으려 했어요. 그때 선택한 것이 스페이드 에이스였고 세금은 없어졌지만 전통으로 남아서 스페이드 에이스 카드만 크고 복잡하게 그리게 되었어요.

56. 티셔츠는 'T셔츠'인데 와이셔츠는 'Y셔츠'가 아니다?

 티셔츠(T-Shirts)는 소매를 펼친 모양이 알파벳 'T'를 닮았다고 해서 붙여진 이름이에요. 그렇다면 와이셔츠도 소매를 펼쳤을 때 'Y'를 닮았다고 해서 붙여진 이름일까요?

 일반적으로 정장 안에 입는 와이셔츠의 정식 명칭은 드레스 셔츠(Dress Shirt)예요. 와이셔츠라 부르게 된 이유는 알파벳 'Y'를 닮아서 생긴 게 아니라 한 일본인이 서양인에게 하얀 드레스 셔츠를 받으면서 '화이트 셔츠(White Shirt)'를 '와이셔츠'라고 말한 것에서 비롯되었어요. 이런 명칭이 한국에까지 퍼져서 우리나라에서도 와이셔츠라 부르고 있어요.

57. 화장지는 왜 2겹일까?

 다양한 용도로 사용되는 화장지는 부드러우면서도 일정한 강도가 필요해요. 그래서 주변을 살펴보면 2겹이나 3겹으로 되어 있는 화장지가 많지요. 간혹 1겹짜리 화장지도 있는데, 그런 화장지는 사용해 보면 뻣뻣해서 사용감이 좋지 않아요.

 이런 차이가 있는 이유는 1겹으로 된 화장지에는 표면에 오목볼록한 엠보싱도 없고, 화장지는 겹 수가 많아져야 푹신하고 부드럽기 때문이에요. 또 2겹 이상인 화장지는 겹 사이에 공기층이 생겨 1겹인 화장지보다 흡수가 잘 돼요. 화장지에는 앞면과 뒷면이 있는데 매끈매끈한 면이 앞, 거친 면이 뒷면이에요. 뒷면을 안쪽으로 해서 2겹으로 만들면 피부에 닿는 바깥쪽 면을 매끈매끈하게 만들 수 있어요.

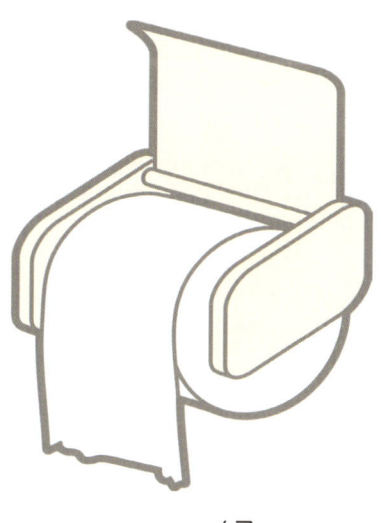

58. 펄 매니큐어 광택의 비밀

 손톱에 예쁘게 색을 칠하는 화장품을 매니큐어라고 해요. 매니큐어의 종류 중 진주와 같은 광택을 내는 '펄(pearl)'이라는 색의 매니큐어가 있어요. 펄 매니큐어에는 광택을 내기 위해 비밀이 숨겨져 있는데 무엇일까요?

 광택을 내기 위해 첨가된 재료는 바로 갈치의 비늘이에요. 갈치는 표면이 반짝반짝 빛이 나는 생선이에요. 갈치 비늘은 구아닌이라고 하는 아미노산의 미세한 결정으로 덮여 있는데 이것이 빛을 반사해서 반짝반짝 빛이 나는 거예요. 이러한 갈치의 비늘을 녹여서 다시 결정시킨 것을 천연 펄 에센스라고 하는데 옛날부터 펄 광택의 재료로 사용되었어요.

59. 인류 역사상 가장 많은 사람을 살려냈다고 평가받는 발명품은?

외출하고 집에 돌아왔을 때나 식사를 하기 전에 손을 잘 씻나요? 손에 있는 세균을 잘 씻어야 감기와 같은 질병에 걸리지 않아요. 그런데 손 씻을 때 우리가 흔하게 사용하는 비누가 인류 역사상 가장 많은 사람을 살려냈다고 평가받는 발명품이라는 사실을 알고 있었나요?

비누는 사실 오래전부터 자연에서 얻은 재료로 만들어서 사용하고 있었어요. 하지만 비누의 재료가 무척 귀하다 보니 지금처럼 많은 사람이 사용하지는 못했지요. 그렇다 보니 위생 상태가 좋지 않았고 각종 질병에 쉽게 걸릴 수밖에 없었어요. 1790년이 되어서야 프랑스의 화학자 니콜라스 르블랑이 바닷물의 소금에서 소다를 분리하는 기술을 발명하였고 이 기술을 토대로 비누를 대량으로 만들면서 전 세계 많은 사람이 비누를 사용하기 시작했어요. 비누를 사용하면서 이전보다 위생 환경이 좋아졌고 질병에 걸리는 일도 줄어들었지요. 비누는 이렇게 질병으로부터 많은 사람을 살려낸 훌륭한 발명품으로 불리게 되었어요.

60. 해군 군복의 넥타이 사용법은?

 흔히 '마린복'이라고도 부르는 해군 군복은 둥그런 빵모자와 나팔바지, 멋진 타이(Tie, 일명 넥타이)가 특징이에요. 우리나라뿐만 아니라 전 세계 모든 해군이 비슷한 옷을 입어요. 그 이유에는 해군 군복에 특별한 기능이 숨어 있기 때문이에요.

 먼저 해군 군복의 타이는 물에 빠졌을 경우, 상어의 공격으로부터 보호해주는 수단으로 활용될 수 있어요. 상어는 자기 몸의 길이보다 긴 상대에게 위압감을 느껴 공격하지 않는 습성이 있어요. 그래서 물에 빠졌을 때 타이를 발목에 묶으면 상어보다 몸길이가 길어 보이는 효과가 있어서 자신을 보호할 수 있지요. 이 밖에도 타이는 사람이 물에 빠졌을 경우 구조 도구로도 사용할 수 있어요.

 둥그런 빵모자는 배에 물이 들어오는 비상 상황이 생기면 모자를 벗어 바닷물을 퍼내는 용도로 쓰여요. 나팔바지는 갑판 청소를 하거나 배를 육지로 끌어올릴 때 바지를 쉽게 걷어 올려 바지가 물에 젖지 않도록 하기 위해서예요. 또 바다에서 수영하게 되면 펄럭이는 바지가 오리발 역할을 해주기 때문에 수영을 더욱 잘할 수 있게 도와준다고 해요.

하품을 하면 왜 눈물이 날까?

2. 신비한 인체의 비밀

1. 우리 몸에 매일 들어왔다 나가는 공기의 양은 얼마나 될까?

 우리가 살아가기 위해 꼭 필요한 것은 공기 속의 산소예요. 숨을 조금만 참아도 답답하고 머리가 어지러워요. 그렇다면 이렇게 중요한 산소를 마시기 위해 하루 동안 우리 몸에 들어왔다 나가는 공기의 양은 얼마나 될까요?

 생활하는 환경이나 활동량, 나이와 성별 등에 따라 각각 다르지만, 일반적으로 1분당 12~18회 정도 숨을 쉬는데, 24시간 동안 숨을 쉬면 약 1만 리터의 공기가 우리 몸속으로 들어왔다 나간다고 알려져 있어요. 우리 몸속으로 들어온 공기 중에 절반 정도는 산소로 이루어져 있어요. 산소는 피로 전달되어 혈관을 따라 우리 몸 전체에 골고루 퍼져 우리가 살아가기 위한 에너지를 만드는 데 사용되어요.

2. 우리 몸에서 가장 땀을 많이 흘리는 부위는 어디일까?

 한여름 뜨거운 태양 아래를 걷다 보면 온몸이 땀으로 흠뻑 젖어요. 땀을 흘린 후 제대로 씻지 않거나 옷을 빨지 않으면 냄새가 나고 비위생적이에요. 땀이 안 났으면 좋겠다고 생각하는 친구들도 있을 텐데, 땀은 우리 몸의 체온을 유지하기 위해 꼭 필요해요. 땀이 나지 않으면 조금만 더워도 견딜 수 없게 되지요. 그렇다면 우리 몸에서 가장 땀을 많이 흘리는 부위는 어디일까요?

 땀은 우리 눈으로는 잘 보이지 않는 피부의 땀샘에서 나오는데 땀샘이 가장 많은 곳은 발바닥이고 가장 적은 곳은 엉덩이예요. 하지만 땀샘이 많이 있다고 땀이 많이 나는 부위인 건 아니에요. 가장 땀을 많이 흘리는 부위는 이마예요. 이마는 공기와 접하고 있어서 땀이 나도 증발하기 쉽고 바로 흘러내리기 때문에 실제로는 땀이 많이 나고 있지만 우리가 잘 느끼지 못한다고 해요.

3. 우리 몸에서 가장 수명이 짧은 세포는?

 우리의 몸을 구성하는 가장 작은 단위를 세포라고 해요. 우리의 몸은 다양한 기능을 지닌 약 60조의 세포로 이루어져 있지요. 세포의 크기는 평균적으로 약 300분의 1밀리이며 세포에도 수명이 있어요. 혈액 속 적혈구의 수명은 약 4개월인데 비해 뼈세포의 수명은 10년 이상이에요. 우리 몸에서는 항상 새로운 세포가 태어나서 사라지는 오래된 세포의 자리를 대신해요. 그렇다면 세포 중에서 가장 수명이 짧은 세포는 무엇일까요?

 가장 수명이 짧은 세포는 우리 몸의 소화기관 중 소장이라고도 부르는 작은창자의 융모를 구성하는 세포예요. 융모는 소장에서 소화를 돕고 영양분을 흡수하는 역할을 해요. 융모를 구성하는 세포는 24시간 안에 융모의 밑에서부터 올라가 끝부분에 도착하면 벗겨지면서 사라져요. 즉 융모를 구성하는 세포의 수명을 하루인 셈이지요.

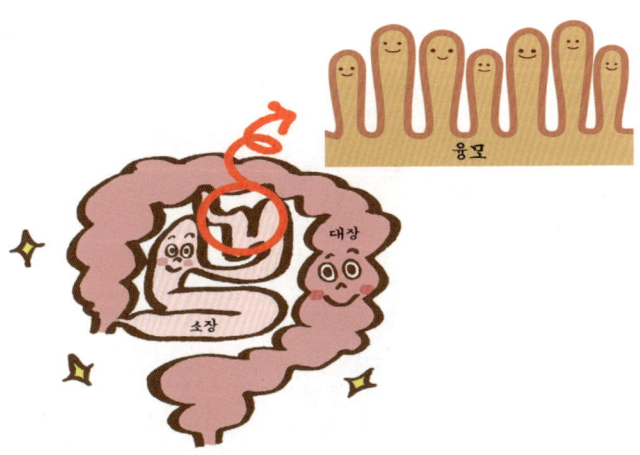

4. 우리 몸에 안 좋은 물질을 해독하는 장기는?

 우리 몸에는 우리가 모르는 사이에 몸에 좋지 않은 물질들이 들어와요. 공기 중에 있는 미세먼지나 음식에 들어 있는 색소 같은 것들이지요. 아플 때 먹는 약도 사실 우리 몸에는 좋지 않은 물질이에요. 이렇게 몸에 안 좋은 물질이 많이 들어오면 건강이 나빠질 텐데 이러한 물질을 해독하는 장기가 있어서 우리는 건강을 유지할 수 있어요.

 몸에 안 좋은 물질을 해독하는 장기는 바로 간이에요. 간은 우리 몸에서 두 번째로 무거운 장기로 몸에 안 좋은 물질을 해독하여 배출하기 쉬운 물질로 바꿔 우리 몸에서 내보내는 역할을 해요. 하지만 지나치게 몸에 안 좋은 물질을 계속 섭취하면 간이 제 기능을 못 하게 되니 몸에 안 좋은 물질은 가급적 피하도록 해요.

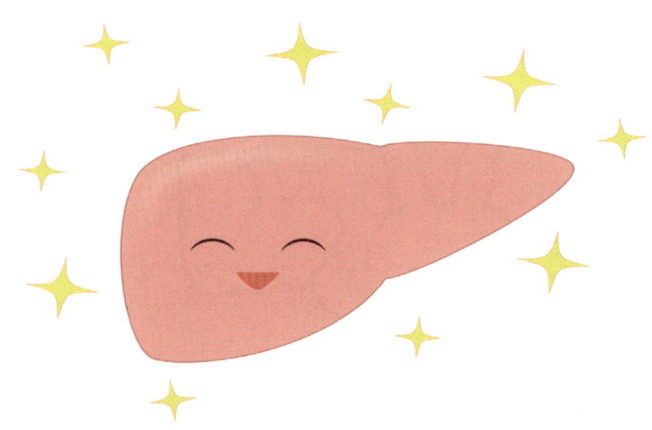

5. 사진 속 얼굴과 거울에 비친 얼굴이 달라보이는 이유

 세수할 때나 외출하기 전에 내 모습을 확인하기 위해 거울을 사용해요. 그런데 거울로 매일 보는 내 얼굴인데도 증명사진같이 다른 사람이 찍어 준 사진 속 내 얼굴을 보면 달라 보이거나 어색하게 느끼는 경우도 있어요. 거울 속 얼굴이나 사진 속 얼굴이나 똑같은 사람인데 왜 달라 보인다는 생각이 들까요?

 거울 속에 비치는 내 모습은 좌우가 반전된 모습이고 사진 속 내 모습은 좌우가 반전되지 않은 모습이에요. 평소 좌우 반전된 거울 속 내 모습을 많이 보고 익숙해져서 좌우 반전되지 않은 사진 속 내 모습을 보면 어색함을 느낄 수밖에 없어요. 그리고 대부분 사람의 얼굴은 평소 생활 습관 등으로 인해 비대칭인 부분이 있는데, 익숙했던 좌우 반전이 된 얼굴이 아닌 반전되지 않은 얼굴을 보면 알아채지 못했던 비대칭적인 부분까지 보이면서 더 어색하게 느끼는 거랍니다.

6. 관절에서 나는 '뚝뚝' 소리는 무엇일까?

　오랜 시간 앉아서 공부하다가 일어나서 목이나 허리를 스트레칭하거나, 주먹을 쥐고 손가락을 누르면 '뚝뚝' 소리가 난 경험을 한 적 있을 거예요. 관절에서 나는 이러한 소리의 정체는 무엇일까요?

　관절과 관절 사이에는 부드럽게 움직이게 하는 윤활액이 있어요. 그런데 관절이 갑자기 늘어나면 윤활액의 압력이 줄어들어 탄산음료처럼 가스가 생기고 그 압력을 본래대로 되돌리려고 하는 힘 때문에 윤활액이 빈틈으로 흘러드는데 이때 '뚝뚝' 소리가 발생해요. 관절에서 소리가 난다고 큰 문제는 없지만, 소리가 나는 곳이 아프다면 병원에 가서 진료받아야 해요.

7. 긴장하면 왜 소변이 마려울까?

 다른 사람 앞에서 발표하거나 중요한 대회를 앞두고 있을 때 긴장하면 소변이 마려워지는데 막상 화장실에 가면 소변의 양이 적거나 나오질 않아요. 왜 긴장하면 소변이 마려운 걸까요?

 우리 몸 안에서 생긴 소변은 배출되기 전까지 방광에 저장되어 있어요. 방광은 고무공처럼 늘어나는데 최대 600~800mL의 소변을 저장할 수 있어요. 하지만 이것은 소변을 참을 수 있는 한계량이며, 보통은 300mL 정도 방광에 쌓이면 소변이 마려워져요. 방광에 소변이 차서 팽창하게 되고 이때 교감신경이 작용해 방광을 다시 수축하면서 소변을 밖으로 배출해요. 그런데 긴장하면 방광에 소변이 전혀 쌓이지 않아도 교감신경이 작용해서 방광이 수축하게 되고, 그로 인해 소변이 마렵게 된답니다.

8. 성인 남성의 목소리가 저음인 이유

 어릴 때는 남성과 여성의 목소리가 큰 차이가 없지만, 성인이 되면 대부분 남성의 목소리는 여성보다 굵고 저음으로 변해요. 왜 남성의 목소리는 저음이 되는 걸까요?

 남성과 여성의 목소리가 다른 이유는 소리를 내는 근육인 성대와 성대 주변 울대뼈의 차이 때문이에요. 음식이 지나가는 식도와 숨 쉬는 공기가 지나가는 기도, 그리고 소리를 내는 성대가 있는 부위를 후두라고 하는데 후두 주위에는 9개의 크고 작은 연골이 있어요. 그중 가장 큰 연골을 갑상연골이라 부르는데 사춘기가 되면 갑상연골이 커지고 앞으로 나와요. 갑상연골이 커지면 성대도 길고 두꺼워지면서 낮은 목소리로 변하게 되지요. 물론 여성도 신체가 성장하면서 갑상연골과 성대가 변하지만, 남성에 비하면 많이 변하지 않아요. 그래서 남성의 목소리만 성인 되면 저음으로 변하게 되는 거랍니다.

9. 계단을 쉽게 오를 수 있는 방법은?

 엘리베이터나 에스컬레이터도 없는데 높고 가파른 계단을 오르려면 한숨부터 나와요. 특히나 약속에 늦었거나 수업에 지각이라도 한 날에는 계단이 마치 거대한 산처럼 보이지요. 몇 계단만 올라가도 숨이 차고 힘든 계단을 쉽게 오르는 방법은 없을까요?

 계단을 오를 때 엉덩이 아랫부분인 궁둥이를 손으로 힘껏 움켜쥐면 편하고 빠르게 올라갈 수 있어요. 계단을 오를 때는 우리 신체의 무게중심이 상반신 쪽으로 이동하는데 무게중심이 이동하는 방향으로 힘이 더 전달되면 더 수월하게 이동할 수 있기 때문이에요. 즉 궁둥이를 힘껏 움켜쥐는 힘이 무게중심이 이동하는 방향으로 전달되는 거죠. 궁둥이를 힘껏 움켜쥐고 계단을 오르면 우스꽝스러워 보일 수 있지만 정말 급하게 계단을 올라야 하거나, 너무 지쳐서 계단을 오르기 힘든 날에 시도해보면 괜찮은 방법이겠죠?

10. 눈물의 맛으로 우는 이유를 알 수 있다?

 눈물은 눈동자 앞의 이물질을 씻겨내고 눈이 건조해지지 않도록 하는 역할을 해요. 하지만 이물질이 없고 눈이 건조하지 않아도 슬프거나 아픔을 느낄 때, 매운 음식을 먹었을 때 등 여러 가지 이유로 눈물이 나와요. 그런데 눈물의 맛을 보면 우는 이유를 알 수 있다는 사실을 알고 있었나요?

 우리 눈물의 98% 수분이고 그 속에 나트륨 같은 물질들이 녹아 있어요. 이 나트륨 때문에 눈물 맛이 짜게 느껴지는 거죠. 눈물은 눈물샘에서 만들어지는데 눈물샘은 삼차신경, 교감신경, 부교감신경 3가지의 영향을 받아요. 우는 이유에 따라 영향받는 신경이 달라져서 눈물샘에서 눈물과 함께 분비되는 나트륨의 양이 달라져요. 그래서 슬플 때나 기쁠 때 나오는 눈물은 짠맛이 덜하고, 억울하거나 화가 날 때 나오는 눈물은 짠맛이 강해져서 눈물의 맛을 보면 우는 이유를 알 수 있답니다.

11. 눈물과 콧물이 함께 나는 이유

 상처를 입어서 아프거나 슬픈 일이 생겨 눈물이 나올 때, 콧물도 같이 나오는 경우가 있어요. 눈물이 나오는 곳과 콧물이 나오는 곳은 다른 데 왜 같이 나오는 걸까요?

 우리는 하루 동안 대략 안약 스무 방울 정도의 눈물을 흘려요. 눈이 먼지와 같은 오물로 상처를 입지 않게 하기 위해 눈물이 끊임없이 먼지를 씻어내기 때문이지요. 그런데 우리가 눈물이 나오는 걸 모르는 이유는 10~25% 정도는 증발해버리고 나머지는 코로 배출되기 때문이에요. 하지만 코로 배출되는 것도 모르는 이유는 눈과 코가 연결된 부분에는 비루관이라고 하는 가느다란 관이 있는데 보통 눈물샘에서 분비되고 남은 눈물은 코로 배출하기 위해 비루관을 통과하는 사이에 말라버려요. 그런데 슬플 때처럼 감정이 복받쳐서 눈물이 많이 나오면 비루관으로 많은 양의 눈물이 흘러들어서 잘 마르지 않기 때문에 눈물과 함께 콧물이 흘러나오는 거예요.

12. 눈은 10대부터 노화가 시작된다?

 우리 몸의 모든 부위는 나이가 들면 자연스럽게 기능이 떨어지는 데 이를 노화라고 해요. 나이가 들면 눈이 쉽게 피곤해지고 작은 글씨를 보기 힘들게 되며, 가까이 있는 물체보다는 멀리 있는 물체를 볼 때 더 편해져요. 이렇게 현상은 눈의 노화로 인해 생기고 흔히 '노안이 왔다'라고 표현해요.

 눈은 안구 내의 수정체 두께를 조정해서 초점을 맞추는데 나이를 먹으면 이 수정체가 딱딱해지거나 수정체의 두께를 바꾸는 모양체라고 하는 근육이 약해져서 수정체를 두껍게 할 수 없게 돼요. 그 결과 눈의 조정력이 떨어지고 노안이 오게 되는 거죠. 그런데 눈의 조정력이 떨어지는 현상은 빠르면 10대 무렵부터 천천히 시작되는 경우도 있다고 해요. 눈에 이상이 느껴지면 바로 안과에 가서 진료받고 안경 같은 보조도구를 사용하는 게 좋아요.

13. 음식을 안 먹어도 똥이 나올까?

 우리가 먹는 음식에서 영양분을 흡수하고 남은 찌꺼기는 몸 밖으로 배출해요. 똥의 정체가 바로 소화된 음식물 찌꺼기이지요. 그렇다면 며칠 동안 아무것도 먹지 않으면 똥은 나오지 않을까요?

 사실 똥으로 배출되는 건 소화된 음식물 찌꺼기만이 아니에요. 우리 몸 안에 있는 여러 장기 속에 있는 미생물의 잔해, 음식물을 소화할 때 분비된 점액, 장 내의 세균이나 장벽에서 떨어진 점막 등이 포함되어 있어요. 음식을 먹지 않아도 장의 점막은 매일 새롭게 바뀌고, 필요 없어진 낡은 점막은 똥과 함께 몸 밖으로 배출되는 거죠. 그래서 며칠 동안 아무것도 먹지 않으면 배변량이나 횟수는 줄어들지만, 똥은 나온답니다.

14. 공포를 느낄 때 등골이 오싹해지는 이유

 무서운 영화를 보다가 등골이 오싹해진 느낌을 받은 적 있을 거예요. 흔히 공포를 느낄 때 '등골이 오싹해졌다'라고도 말하죠. 그렇다면 왜 가슴이나 배가 아닌 등이 느끼는 걸까요?

 우리의 몸은 대부분 뇌의 명령을 받고 움직이는데 뇌의 명령을 받지 않고 움직이는 신경을 자율신경이라고 해요. 자율신경은 교감신경과 부교감신경으로 구성되어 있어요. 그중 교감신경은 충격을 받으면 긴장해서 아드레날린이라는 호르몬이 대량으로 분비되는데 이때 혈관이 수축하기 때문에 얼굴이 파래지거나 오싹한 한기를 느끼게 돼요. 사실 이러한 현상은 등뿐 아니라 배, 가슴, 손, 발 등 모든 피부에서 일어나요. 그런데 유독 등만 오싹한 한기를 잘 느끼는 이유는 등의 위치 특성상 눈으로 볼 수 없고, 손으로 만지기도 힘든 무방비 상태이기 때문이에요.

15. 걷기 운동 효과를 높이는 방법은?

 따스한 햇살을 느끼며 걷다 보면 기분도 전환되고 운동 효과도 있어요. 그래서 걷기 운동을 하는 사람들이 많이 있지요. 그런데 그냥 걷기만 해서는 운동 효과가 적어요. 걷기 운동 효과를 높이는 방법은 무엇일까요?

 걷기 운동의 효과를 높이려면, 걷는 자세를 신경 써야 해요. 목과 허리를 세우고, 팔을 앞뒤로 가볍게 흔들어주면서 몸의 무게중심을 살짝 앞쪽으로 놓고 걸으면 그냥 걷는 것보다 운동 효과가 높아져요. 이런 자세로 평소 걷는 보폭보다 10센티미터 더 넓게 걸으면 다리가 받는 압력이 늘어나면서 하체 근육을 자연스럽게 단련할 수 있어요. 운동으로 걸을 때 걷는 속도는 평소보다 약간 빠른 속도로 걷는 게 가장 좋다고 해요.

16. 머리에 혹이 생기는 이유

 어딘가에 머리를 강하게 부딪히면 피가 나는 경우도 있지만 대부분 부딪힌 자리가 부풀어 오르면서 혹이 생겨요. 머리에 혹은 왜 생기는 걸까요?

 머리에는 팔이나 다리 같은 곳에 비하면 근육과 살이 별로 없기 때문이에요. 근육이나 살이 많은 허벅지 같은 곳을 다치면 피가 나거나 파랗게 멍이 들어요. 피부 안에 있는 혈관이 터져 피가 고이게 되고 그 피를 근육이랑 살이 잡아주면서 파랗게 멍이 드는 거죠. 하지만 머리는 피를 잡아줄 근육이랑 살이 적고, 피가 뼈를 뚫고 들어갈 수 없기 때문에 대신 피부를 늘리면서 부풀어 올라 혹이 생기게 돼요. 즉, 근육이나 살이 많은 곳에는 멍이 생기고 적은 곳에는 혹이 생기는 거랍니다.

17. 우리 몸에서 쓰지 않는 부분이 있다?

 우리 몸에 모든 부위는 각자 역할이 있어요. 심지어 우리가 자고 있을 때도 우리 몸 안에서는 열심히 일하고 있지요. 그런데 우리 몸에서도 사용하지 않는 부분이 있어요. 사용하지 않는다면 왜 우리 몸에 있는 걸까요?

 우리 몸에 사용하지 않는 부분 중 가장 대표적인 건 사랑니예요. 사랑니는 과거에는 질긴 육류나 채소를 잘게 씹기 위해서 발달했던 치아인데 요리법의 발달로 치아로 음식물을 잘게 씹을 필요가 줄어들었고 사랑니는 더 이상 필요 없게 된 부분이 되었어요. 오히려 사랑니 때문에 충치가 생기거나 다른 치아에 문제가 생겨서 골칫덩어리가 되어버렸지요. 사랑니 외에도 눈에 있는 순막, 몸속에 있는 맹장과 충수 역시 과거의 환경에선 사용했던 부분이지만 기술이 발달한 현재의 환경에 사는 사람들은 쓰지 않는 부분들이에요.

18. 밤에 잰 키보다 아침에 잰 키가 더 큰 이유

 키가 컸으면 좋겠다고 소원하는 친구들 있나요? 그런 친구들은 오후나 밤에 키를 재지 말고 아침에 눈 뜨자마자 키를 재보세요. 아침에 잰 키가 아마 더 클 거예요. 왜 키가 시간에 따라 커졌다 작아졌다 하는 걸까요?

 우리 척추는 척추뼈로 이루어져 있어요. 목뼈와 등뼈 그리고 허리뼈와 꼬리뼈 등으로 구성되어 있지요. 이 뼈들 사이에는 충격을 흡수해주는 쿠션과 같은 역할을 하는 물질로 가득 차 있는데 이것들은 '척추 원반(디스크)'이라고 불러요. 척추 원반은 아침에 일어나면 물로 가득 차서 매우 두꺼운데 누워 있다가 일어서면 중력에 의해 서로 눌리면서 물이 빠져나가 납작해져요. 낮 동안 활동할수록 물이 더 빠져서 더욱 납작해져요. 그래서 아침에는 척추 원반이 두꺼워져서 키가 커지는데 밤에는 척추 원반이 납작해지니 키가 줄어들게 되는 거랍니다.

19. 방귀를 참으면 입 냄새가 심해진다?

 사람이 많은 곳에서 갑자기 방귀가 나올 것 같으면 정말 난감해져요. 시원하게 방귀를 뀌고 싶어도 소리와 냄새 때문에 창피해서 대부분 방귀를 참아요. 그런데 방귀를 참으면 입 냄새가 심해진다는 사실 알고 있었나요?

 방귀는 입으로 삼킨 공기가 70%, 장에서 음식이 분해될 때 생기는 가스 10%, 혈액 속에 녹아 있다가 장으로 스며들어 나온 가스 20%로 구성되어 있어요. 방귀를 참으면 다시 장의 벽을 지나 혈액으로 녹아들어요. 대부분 공기여서 걱정할 필요는 없지만, 혈액에 녹아든 가스가 폐까지 도달하면 입 냄새의 원인이 될 수 있어요. 또한 장이 팽팽해져서 활동이 나빠지거나 대변이 정체되어 점점 가스가 쌓이게 되니 가능하면 방귀는 참지 말고 뀌는 게 좋아요.

20. 비행기 탔을 때, 귀가 '윙' 하는 것은 왜 그럴까?

 높은 산에 올라가거나 비행기를 탔을 때, 귀에서 '윙' 하는 소리가 날 때가 있어요. 평소에는 아무렇지 않은데 왜 그럴까요?

 귀는 바깥쪽부터 겉귀, 가운데귀, 속귀로 이루어져 있어요. 바깥귀와 가운데귀 사이에는 고막이 있는데 귀가 '윙' 하는 것은 공기의 무게에 의해 생기는 압력인 기압과 고막에 관계가 있어요. 기압이 급격하게 상승하면 귓속의 압력이 기압보다 더 높아지고 고막 안의 공기가 팽창해서 고막이 바깥쪽으로 당겨져요. 그래서 '윙' 하는 소리가 들리게 되는 거죠. 이때 하품을 하거나 침을 삼키면 괜찮아지는데 바깥 공기가 가운데귀로 들어와서 고막의 바깥과 안이 균형을 이루기 때문이에요. 반대로 비행기가 착륙할 때는 귓속의 압력보다 기압이 더 높아 고막이 안쪽으로 당겨져서 착륙할 때 귀의 통증을 느끼는 경우도 있어요.

21. 새끼손가락을 구부리면 약지도 함께 구부러지는 이유

 새끼손가락을 앞쪽으로 구부려보세요. 새끼손가락만 구부렸는데 옆에 있는 약지도 같이 앞쪽으로 움직일 거예요. 왜 약지도 같이 움직이는 걸까요?

 새끼손가락을 구부렸는데 약지도 함께 구부러지는 이유는 뇌의 명령을 전달하는 신경 작용의 영향 때문이에요. 새끼손가락과 약지에 명령을 전달하는 신경은 같은 방향으로 내려지기 때문에 두 개의 신경을 따로 움직일 수 없어요. 또 새끼손가락과 약지의 손끝을 움직이는 근육도 단단하게 붙어 있어서 어느 하나를 구부리려고 하면 동시에 같은 방향으로 움직이게 돼요. 단 피아니스트처럼 손가락의 움직임을 훈련한다면 각각의 손가락을 따로 움직일 수는 있어요.

22. 소변을 참으면 사망할 수도 있다?

 대변과 달리 소변은 어느 정도는 참을 수 있어요. 하지만 소변을 참으면 건강에도 좋지 않고 심지어 사망할 수도 있어요. 실제로 16세기 스웨덴 출생의 유명한 천문학자인 티코 브라헤는 소변을 참다가 목숨을 잃었어요.

 브라헤는 어떤 귀족의 식사 초대를 받았어요. 그는 이전부터 소변을 저장하는 기관인 방광 때문에 고생하고 있었는데 식사 전에 화장실에 가지 않고 꽤 많은 술을 마셨어요. 그 당시에는 식사 중에 자리를 뜨는 행위를 대단한 실례라고 여겼기 때문에 브라헤는 소변을 참으면서 계속 자리에 앉아 있었어요. 결국 소변을 계속 참다가 방광이 터지고 말았어요. 그리고 그는 11일 후에 세상을 떠났지요. 대변과 소변은 가능하다면 참지 말고 해결하는 게 좋답니다.

23. 우리 몸속 소화기관의 길이는 얼마나 될까?

 우리가 음식을 먹으면 입안에서 치아로 잘게 부수고 식도를 지나 위로 들어가요. 위에서는 위액으로 음식과 함께 들어온 세균을 제거하고 단백질을 소화해서 십이지장으로 보내요. 십이지장에서 위액과 섞인 음식을 중화시키고 소장으로 들어가는데 소장에서 몇 시간 이상 머무르면서 모든 영양분을 음식에서 흡수해요. 영양분을 다 흡수한 후 남은 찌꺼기는 대장으로 보내져서 수분을 흡수한 후 직장으로 옮겨가 대변으로 배출되어요. 이렇게 한 끼 식사를 소화하려면 약 24시간이 필요해요. 그렇다면 음식이 지나는 우리 몸속 소화기관의 길이는 얼마나 될까요?

 우리 몸속 소화기관은 입에서부터 항문까지 약 9미터예요. 소화기 중 가장 긴 부분은 음식이 가장 오래 머무르는 소장인데 약 6.5미터이고 배 속에서 둥그렇게 말려있어요.

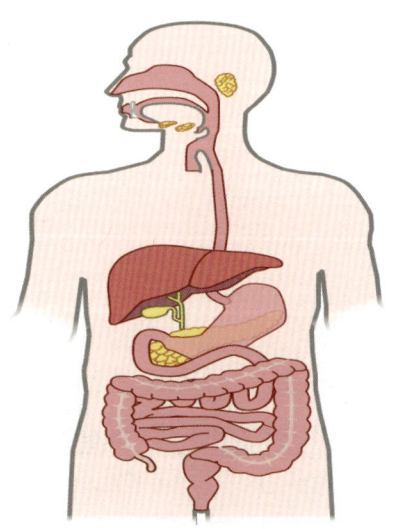

24. 왜 손톱이 발톱보다 빨리 자랄까?

 손톱과 발톱은 한 달을 기준으로 손톱은 약 3밀리미터씩, 발톱은 약 1밀리미터씩 계속 자란다고 해요. 그래서 주기적으로 손발톱을 깎아줘야 하죠. 그런데 왜 손톱이 발톱보다 더 빨리 자라는 걸까요?

 과학적으로 명확히 밝혀진 내용은 아니지만, 손발톱은 계절, 나이, 영양 상태, 건강 상태 등 다양한 요인에 의해 자라는 속도가 달라진다고 해요. 보통 겨울보다 여름에 잘 자라고, 나이가 어릴수록 더 잘 자라요. 반대로 영양 결핍이나 감기, 무좀 등 질환이 있을 때는 자라는 속도가 느려져요. 그런데도 손톱이 발톱보다 더 빨리 자라는 이유는 여러 가지 설이 있지만 가장 유력한 설은 손톱이 발톱보다 스마트폰 터치나 컴퓨터 키보드 입력 등 물리적인 자극을 많이 받기 때문이라고 해요. 피아니스트처럼 손톱에 자극을 많이 주는 직업을 가진 사람들의 손톱은 더 빨리 자란다고 해요.

25. 숨을 계속 참으면 어떻게 될까?

 수영장이나 목욕탕에서 잠수 놀이를 해본 적 있나요? 잠수해서 아무리 오래 숨을 참으려 해 봐도 결국 물 밖으로 나올 수밖에 없어요. 그런데 숨을 억지로 계속 참으면 과연 어떻게 될까요?

 우리가 살아가는 데 산소를 들이마시고 이산화탄소를 내보내는 호흡은 필수적인 활동이에요. 앞에서 언급한 잠수 놀이 등으로 숨을 참으려 해도 대략 2~10분 정도에 불과해요. 그 이상 숨을 참으면 폐 안의 산소가 고갈되고 폐는 쪼그라들기 시작해요. 폐 안의 산소가 없으면 혈액 안에 있는 산소를 끌어내는데 이에 따라 혈압이 상승하고 몸에 이상 증상을 감지한 뇌가 신호를 보내 '이제 숨을 쉬고 싶다'라는 생각이 강하게 들게 돼요. 그래서 숨을 참다가 결국 숨을 다시 쉬게 되는 거죠. 그런데도 강한 의지력으로 숨을 참는다면 결국 기절하게 되고 잠잘 때처럼 우리 의지와 상관없이 호흡을 조절하면서 숨을 다시 쉬게 돼요. 그래도 위험한 상황이 벌어질 수 있으니 숨 참기 놀이는 하지 마세요.

26. 내 몸은 내가 간지럽힐 수 없는 이유

 다른 사람이 내 몸의 겨드랑이나 발바닥을 간지럽히면 웃음이 나오지만, 자신이 간지럽히면 웃음이 나오지 않아요. 이곳저곳 어떤 부위를 간지럽혀도 웃음이 나오지 않지요. 왜 그런 걸까요?

 내 몸을 내가 간지럽히기 시작할 때 뇌가 이미 무슨 일이 일어날지 알고 있기 때문이에요. 우리 몸이 움직이려면 뇌에서 명령이 신경을 통해 전달되어요. 스스로 간지럽히려면 내 몸을 움직여야 하는데 뇌에서 명령이 전달되고, 당연히 뇌는 간지럼을 예측해서 그에 대한 반응에 대비하기 때문에 웃음이 나오지 않아요. 반대로 다른 사람이 내 몸을 간지럽히면 뇌는 다른 사람의 손이 어떻게 움직일지 예측할 수 없기 때문에 간지럼을 느끼게 되는 거랍니다.

27. 신생아의 탯줄을 자르지 않으면 어떻게 될까?

 우리 배에는 움푹 들어간 배꼽이 있어요. 배꼽은 엄마 배 속에 있을 때 탯줄로 연결되었던 흔적이에요. 탯줄은 배 속에 있는 아기에게 산소와 영양소를 공급하고 노폐물을 처리해 줌으로써 아기가 생존할 수 있게 도와주는 중요한 역할을 하지요. 탯줄은 보통 아기가 세상에 나오면 아빠나 의사가 잘라 주는데, 자르지 않으면 어떻게 될까요?

 탯줄은 자르지 않아도 약 10일 정도 지나면 자연적으로 분리되어요. 자연적으로 분리되지만, 탯줄을 자르는 이유는 탯줄을 자르지 않으면 탯줄과 연결된 태반이 시간이 지나 부패하면서 악취와 함께 세균이 생겨 자칫하면 아기의 건강도 위험할 수 있기 때문이에요.

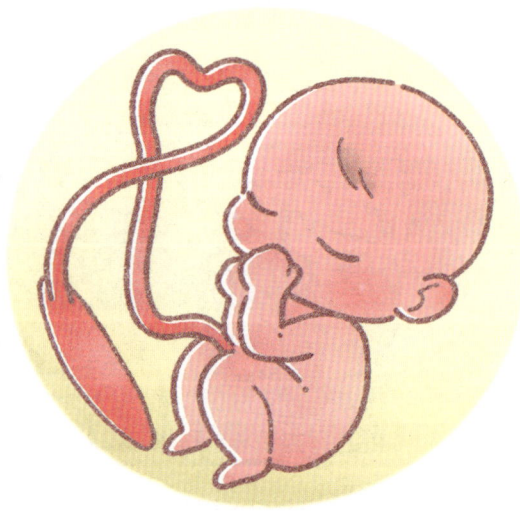

28. 아기에게는 어른보다 더 많은 뼈가 있다?

 인간은 나이를 먹으면서 몸이 성장해요. 그런데 성장해서 몸이 커진 어른이 아기보다 뼈의 개수가 더 적다면 믿어지나요? 아기보다 훨씬 더 큰 어른이 오히려 뼈가 더 많을 것 같지만, 아니에요.

 어른의 몸은 206개의 뼈로 이루어져 있어요. 이 뼈들은 우리가 똑바로 서 있을 수 있게 할 뿐만 아니라 움직일 수 있게 도와주는 역할을 해요. 또 뼈는 심장, 뇌, 폐와 같은 몸 안의 장기를 보호하는 역할도 하지요. 그런데 아기는 어른보다 약 100개 정도 뼈가 더 있어요. 갓난아기는 약 300개 정도의 뼈를 가지고 태어나는데 성장하면서 뼈들이 서로 합쳐지면서 개수가 줄어들게 되지요. 이런 현상은 대개 20~25세 무렵이면 끝이 나고 206개의 뼈만 남게 되는 거랍니다.

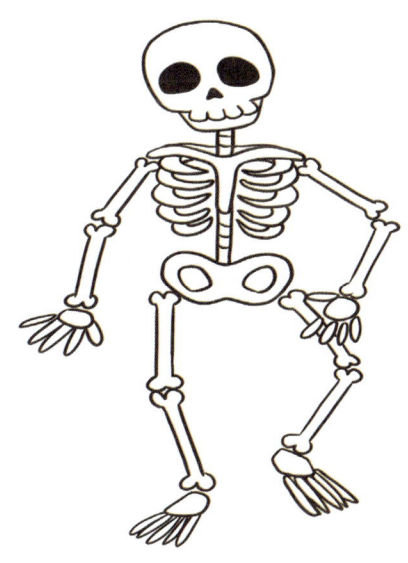

29. 우리 몸에서 가장 뼈가 많은 곳은 어디일까?

 우리의 몸은 성장하면서 뼈들이 합쳐지고 206개의 뼈로 이루어져 있다고 앞에서 말했어요. 그렇다면 우리 몸에서 가장 뼈가 많은 곳은 어디일까요?

 우리 몸에서 가장 뼈가 많은 곳은 손이에요. 손은 한쪽에만 27개의 뼈가 있어요. 양쪽 손을 합치면 총 54개인 거죠. 손은 우리가 정교한 작업을 할 수 있게 도와주는 최고의 신체 부위예요. 이러한 활동이 가능한 이유는 세밀하게 움직임을 조절할 수 있는 뼈가 많이 있기 때문이에요. 두 번째로 뼈가 많은 곳은 발이에요. 발은 각각 26개씩 총 52개의 뼈가 있어요. 걷고 뛰면서 자세를 잡고 충격을 흡수하는 등 발도 손처럼 정교한 활동이 필요한 부위이기 때문에 뼈가 많이 있는 거예요.

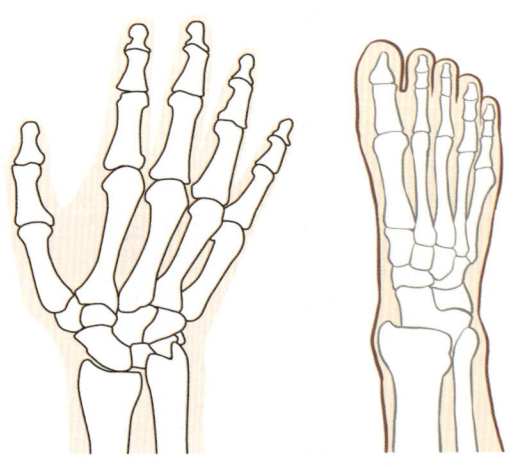

30. 우리 몸에서 나는 털은 몇 개일까?

 머리카락, 겨드랑이, 팔, 다리 등 사람마다 양의 차이는 있지만 대부분 사람의 몸에는 털이 있어요. 그렇다면 우리 몸의 털은 몇 개일까요?

 우리 몸에는 약 500만 개의 털이 자란다고 알려져 있어요. 그중 머리카락이 10만 개 정도라 하니 우리 몸의 다른 부위에도 많은 털이 있는 셈이에요. 우리 몸의 털은 중요한 역할을 해요. 머리카락은 햇빛으로부터 두피가 상하지 않게 보호해 주는 역할을 해요. 사춘기 무렵부터 나는 겨드랑이 털은 살이 맞닿으면서 상처가 생기지 않도록 마찰을 줄여줘요. 콧속 털은 우리가 숨을 쉴 때 먼지를 비롯해 이물질이 몸에 들어가지 않도록 막아 주는 거름망 역할을 하지요.

31. 위액에 위가 녹지 않는 이유

 우리가 먹은 음식은 입안에서 치아에 의해 잘게 부서진 이후 위로 들어가요. 위에는 음식물을 분해하고 소화하는 역할을 하는 위액이 나와요. 위액은 대부분 염산과 펩신 등의 효소로 매우 강력한 산성을 지니고 있어요. 그런데 이렇게 강한 산성을 지닌 위액이 음식을 먹을 때마다 나오는데 위는 녹지 않아요. 왜 그런 걸까요?

 위 안쪽은 강한 산성을 지닌 위액도 견딜 수 있는 저항력이 강한 점막층으로 둘러싸여 있어요. 그리고 위의 안쪽에 있는 세포는 쉬지 않고 계속 활동해서 손상된 세포가 새로운 세포로 끊임없이 교체되기 때문에 위액에 위가 녹지 않는 거예요.

32. 입술의 색이 빨간 이유

 입술은 우리 얼굴 중 빨간색이라서 한층 더 눈에 띄는 부위예요. 화장품으로 입술 색을 다르게 하는 경우도 있지만 대부분 사람의 입술은 빨간색이지요. 왜 입술은 빨간색일까요?

 입술의 색이 빨간 이유를 알려면 피부가 어떻게 구성되어 있는지 알아야 해요. 피부는 바깥쪽에서부터 각질세포가 겹쳐 있는 '표피', 신경세포와 모세혈관이 지나고 있는 '진피', '피하지방'까지 3층 구조로 되어 있어요. 이러한 구조는 입술만이 아니라 다른 곳도 마찬가지지만, 입술은 표피가 다른 곳에 비해 매우 얇아 대부분 진피가 차지하고 있어요. 그렇기 때문에 진피의 모세혈관 속에 흐르는 혈액의 빨간색이 표피를 통과해 입술이 빨갛게 보이는 거예요.

33. 자다가 갑자기 움찔하는 이유

 높은 곳에서 떨어지는 꿈을 꾸면 몸이 움찔하면서 잠에서 깬 경험이 있나요? 떨어지는 꿈을 꾸지 않아도 자다가 움찔하는 경우가 있는데 이를 '수면 놀람증', '수면 경련' 혹은 '근간대성 경련' 등으로 불러요. 왜 자다가 갑자기 움찔하는 걸까요?

 자다가 움찔하는 이유는 몸에 이상이 생겨서 발생하는 것은 아니에요. 너무 피곤하거나 스트레스를 많이 받으면 근육이 평소에 비해 수축되어 긴장 상태를 유지하려고 해요. 이러한 상태가 잠들기 직전까지 지속되면 제대로 잠을 잘 수 없고, 잠을 자는 중에도 수축된 근육이 정상적으로 이완되지 않아요. 그래서 자다가 움찔하는 현상이 생기는 거죠. 수면 놀람증은 피로와 스트레스를 겪을 때뿐만 아니라 늦은 시간까지 운동을 열심히 하거나 커피를 많이 마시는 등 뇌를 각성시키는 행동을 했을 때도 발생해요.

34. 잠을 잘 때 화장실을 가지 않는 이유

 대부분의 사람은 평균적으로 하루에 5~8번 정도, 깨어있을 때는 4~6시간마다 화장실에 가요. 그런데 신기하게도 8시간 정도 잠을 잘 때에는 화장실에 가지 않아요. 왜 그런 걸까요?

 잠을 잘 때 소변을 만드는 신장의 활동이 멈춰서 그런 게 아니라 뇌의 활동과 관계가 있어요. 잠이 들면 뇌하수체에서 신장에 명령을 내리는 '항이뇨 호르몬'이 분비되고 이 호르몬의 작용으로 신장은 소변의 양을 줄여서 농도가 짙은 소변을 만들어요. 즉, 자는 동안에도 신장에서는 소변이 생성되지만, 낮에 비해 양이 적어서 화장실에 가고 싶지 않은 거예요.

35. 졸릴 때 눈을 비비는 이유

 우리는 졸리면 가렵지 않은데도 눈을 비비곤 해요. 이런 행동은 아이는 물론 어른들도 흔히 하는 자연스러운 현상이죠. 그런데 왜 졸리면 눈을 비비는 걸까요?

 졸리면 심장에서 혈액을 밀어낼 때, 혈관 내에 생기는 압력인 혈압이 내려가요. 눈꺼풀의 피부는 얇아서 혈압이 내려가면 건조해지면서 무거워지는데 그 무게를 버티려고 눈을 비비게 되는 거예요. 또 눈물샘 역시 졸리지 않을 때는 촉촉하지만, 졸리면 활동에 변화가 생겨서 눈물의 양이 줄어들고 눈이 건조해지기 때문에 눈물의 분비를 촉진하기 위해서도 눈을 비비는 거랍니다.

36. 차가운 음식을 먹을 때 생기는 두통에 이름이 있다?

 차가운 음식을 급하게 먹으면 머리를 찌르는 것처럼 통증이 30초에서 1분 정도 지속되다가 사라져요. 이렇게 생기는 두통에도 이름이 있다는 사실 알고 있었나요?

 차가운 음식을 급하게 먹고 생기는 두통을 '아이스크림 두통'이라고 해요. 장난스러운 느낌이지만 의학서에도 기재되어 있는 정식 명칭이에요. '아이스크림 두통'이 생기는 이유는 차가운 음식을 급하게 먹어 목구멍이 갑자기 차가워지면 몸이 체온을 유지하기 위해서 몸에 흐르는 혈액의 양인 혈류량이 증가하게 되고 그 결과 혈관이 확장되어 두통이 생기는 거예요. 차가운 음식이라도 천천히 먹으면 아이스크림 두통은 안 생기니 천천히 맛있게 먹도록 해요.

37. 코를 막으면 미각이 변하는 이유

 감기에 걸려서 코가 막혔을 때 음식을 먹으면 평소와 다르게 맛이 잘 안 느껴져요. 맛은 혀로 느끼는 데 왜 코가 막혔다고 미각이 변하는 걸까요?

 앞에서 말한 것처럼 미각은 혀에 있는 '미뢰'에서 느껴요. 그러나 사람은 미뢰만이 아니라 여러 가지 감각으로 맛을 판단해요. 사실 맛을 느끼고 판단하는 건 혀보다는 코를 사용해서 맡은 냄새가 더 높은 비율을 차지해요. 코와 목구멍은 연결되어 있기 때문에 입으로 들어온 음식물의 냄새는 코의 뒤쪽에 있는 '후비공'을 통해서 전해져요. 그런데 코를 막으면 후비공에 공기가 통하지 않아 입안의 음식물 냄새를 느끼지 못하고 그 결과 맛을 판단할 수 없게 되는 거예요. 그래서 몸에는 좋지만, 쓴맛이 나는 한약을 먹을 때 코를 막고 먹으면 조금 더 수월하게 먹을 수 있답니다.

38. 감기 걸리면 한쪽 코만 막히는 이유

 감기에 걸리면 기침, 콧물, 코막힘 등 다양한 증상이 나타나요. 이 중 코막힘은 앞서 우리가 알아본 것처럼 미각을 변하게 만드는 등 일상생활이 많이 불편해져요. 감기가 심해지면 양쪽 코가 모두 막히기도 하지만 일반적으로 한쪽 코가 먼저 막히곤 해요. 왜 한쪽 코만 막히는 걸까요?

 사람은 두 개의 콧구멍을 모두 이용해서 숨을 쉬는 게 아니라 한쪽씩 번갈아 가며 숨을 쉬어요. 이것을 '비주기'라고 하는데 한쪽 코점막이 팽창해 콧구멍이 좁아지면 반대쪽 콧구멍이 넓어져서 한쪽으로만 숨을 쉬게 되는 거죠. 그런데 감기에 걸리게 되면 코안의 하비갑개라는 뼈 점막이 부풀어요. 이때, 비주기로 인해 좁아져 있던 콧구멍이 더 좁아지게 되고 평소보다 양쪽 콧구멍의 차이가 더 많이 나게 되어 한쪽 코가 막힌 느낌이 더욱더 강하게 드는 거랍니다.

39. 혀의 길이와 모양은 모두 다르다

 사람들은 손에 서로 다른 모양의 지문을 가지고 있어요. 그래서 지문을 검사해 범인을 찾거나, 지문을 통해 본인임을 인증하는 데 사용되고 있지요. 그런데 우리 입 안에 있는 혀도 사람마다 모두 다르다는 사실을 알고 있었나요?

 혀도 지문처럼 사람마다 모양이나 크기, 두께, 색깔 등 다 달라요. 특히 혀를 보고 건강 상태를 확인할 수도 있어요. 혀의 색이 하얗고 창백하면 빈혈이 있을 확률이 높아요. 푸른색이면 호흡기나 순환기, 심장질환, 신장질환 등이 있을 수 있어요. 그 외에도 혀가 붓거나 갈라짐이 생겨도 어딘가 몸에 이상 증상이 있을 확률이 높다고 해요. 그리고 혓바닥에 하얗거나 노란색을 띠는 것이 난 것을 설태 혹은 백태라고 불러요. 설태를 제거하지 않으면 입 냄새가 나는 경우도 있어서 양치할 때 꼭 혀의 설태도 깨끗이 닦아내야 해요.

40. 하품을 하면 왜 눈물이 날까?

 우리 몸은 졸리면 하품이 나와요. 그런데 하품할 때 눈물이 나는데 왜 그럴까요?

 슬플 때 눈물이 나는 이유는 자율신경이 눈물샘을 자극하기 때문이지만 하품할 때 나는 눈물은 나는 이유가 달라요. 하품을 하면 얼굴 근육이 움직여서 눈물샘을 자극하고 눈물주머니도 압박을 받아요. 즉, 자극을 통해 눈물샘에서 눈물이 흘러나오고 압박을 받음으로써 눈물주머니의 통로가 막혀 그 눈물이 밖으로 흘러나오는 거예요.

앵무새는 어떻게 사람의 말을 할까?

3. 놀라운 동물과 식물

1. 세상에서 가장 큰 씨앗은?

 대부분의 식물은 씨앗을 퍼트려 자손을 남기고 자신과 같은 종류의 식물을 지구상에 보존해요. 식물의 씨앗은 대부분 작은데 가장 큰 씨앗은 어떤 식물의 씨앗이고 크기가 어느 정도일까요?

 세상에서 가장 큰 씨앗은 '코코드메르' 또는 '바다야자나무'라고 불리는 식물의 씨앗이에요. 바다야자나무의 씨앗은 지름이 30~50센티미터, 무게가 20~30킬로그램 정도로 농구공 크기와 비슷해요. 바다야자나무는 인도양의 세이셸 제도에 위치한 프랄린과 큐리어스섬에서만 자라요. 그래서 바다야자나무는 현재 약 4,000그루 정도밖에 남아 있지 않다고 해요.

2. 가장 후각이 예민한 동물은?

 개의 후각이 발달한 것은 널리 알려진 사실이에요. 개의 후각은 냄새의 종류에 따라서는 인간의 백 배 혹은 백만 배에 달하며 500미터 앞의 바람의 냄새도 구분할 수 있다고 해요. 그럼 동물 중에서 가장 후각이 예민한 동물은 개일까요?

 개도 예민하지만, 더 예민한 후각을 지닌 동물은 바로 나방이에요. 프랑스의 곤충학자 파브르의 유명한 저서인 '파브르 곤충기'에도 실린 '참나무산누에나방'의 수컷은 암컷의 냄새에 이끌려 수 킬로미터나 떨어진 곳에서 암컷을 찾아온다고 해요. 하지만 참나무산누에나방 수컷의 후각은 다양한 냄새의 종류를 구별하는 개와 달리 암컷의 냄새를 알아내는 것 외에는 그 어떤 후각도 가지고 있지 않다고 해요.

3. 개가 다른 개의 엉덩이 냄새를 맡는 이유

 개들이 만나면 서로 엉덩이 냄새를 맡아요. 후각이 발달한 개라서 엉덩이 냄새가 더 불쾌하게 느껴질 텐데 왜 다른 개의 엉덩이 냄새를 맡는 걸까요?

 개의 엉덩이에는 항문선이라는 기관이 있는데 여기에서 나오는 분비물의 냄새는 개마다 달라요. 후각이 발달한 개는 시각이나 청각이 아닌 냄새를 맡아서 서로의 존재를 확인하는 거예요. 즉, 서로 엉덩이 냄새를 맡는 행동은 마치 사람이 명함을 주고받는 행동과 같아요. 개는 사람의 엉덩이 냄새를 맡기도 하는데, 냄새를 통해 상대가 누구인지 알아내는 행동은 개에게 자연스러운 행동이기 때문이에요.

4. 겨울잠에서 깬 곰이 2~3일 정도 울부짖으며 고통스러워하는 이유

 겨울이 되어 기온이 떨어지면 먹이를 구하기 어려운 동물들은 겨울잠을 자요. 다람쥐나 너구리, 곰 같은 동물들이 대표적이지요. 그런데 겨울잠에서 깬 곰은 2~3일 정도 울부짖으며 고통스러워한다는데 왜 그러는 걸까요?

 우리가 아침에 일어나면 화장실에 가는 것과 같이 겨울잠에서 깬 곰이 가장 먼저 하는 일은 배설이에요. 그런데 이 배설 때문에 겨울잠에서 깬 곰은 2~3일 동안 울부짖으며 고통스러워해요. 겨울잠을 자는 동안 배설을 거의 하지 않다 보니, 변이 딱딱하게 굳어 변비에 걸렸기 때문이에요. 딱딱한 변을 배설하는 동안 곰들은 고통스러워하며 심하면 피를 흘리기도 해요. 겨울잠에서 깬 곰은 변비를 해결하기 위해 산나물을 찾아 먹기도 한답니다.

5. 고양이가 생선을 좋아한다는 말은 틀렸다?

'고양이한테 생선을 맡기다'라는 속담이 있어요. 생선을 좋아하는 고양이에게 생선을 맡기면 당연히 생선을 먹어버릴 거예요. 그것처럼 어떠한 일이나 물건을 맡겨 놓고 걱정하고 있다는 뜻으로 사용하는 속담이에요. 그런데 고양이는 정말로 생선을 좋아할까요?

고양이는 육식동물이기 때문에 기본적으로 육류를 좋아해요. 물론 생선도 싫어하지는 않지요. 오히려 개와 다르게 몸 안에서 타우린이 생성되지 않아 타우린이 풍부한 생선을 찾아 먹어야 해요. 타우린이 부족하면 생식능력 저하, 야맹증 등이 걸릴 수 있기 때문이지요. 하지만 평소 사료에서 타우린 성분을 섭취하는 고양이들은 생선보다 다른 육류를 더 좋아하는 모습을 볼 수 있어요. 즉, 생선을 좋아하기보다는 타우린이 풍부한 음식을 좋아하는 거죠. 그런데도 고양이가 생선을 좋아한다고 생각하는 이유는 고양이가 사람들이 먹다 남은 음식을 받아먹기 시작하면서 생긴 고정관념 때문이에요.

6. 기린은 잠잘 때 긴 목을 어떻게 할까?

 기린 하면 떠오르는 모습은 얼룩무늬와 함께 기다란 목이 생각날 거예요. 기린의 목이 유달리 긴 이유에 대해서는 명확히 밝혀진 바는 없지만, 먹이가 부족한 시기에 높은 곳에 있는 나뭇잎을 먹기 위해서 길어졌다는 주장 외에 여러 가설이 있어요. 그런데 기린은 잠잘 때 긴 목을 어떻게 할까요?

 기린은 대체로 서서 잠을 자요. 야생에서는 곳곳에 사자와 같은 육식동물들이 있는데 바닥에 네 다리를 쭉 뻗고 자기에는 목이 너무 길어서 위험하죠. 하지만 모든 기린이 서서 잠을 자는 건 아니에요. 무리 내에서 서열이 높은 기린이나 어린 기린들은 앉아서 잠을 자요. 또 야생이 아닌 안전한 동물원에서는 앉아서 자는 경우가 많아요. 기린이 앉아서 잘 때 머리를 뒤쪽으로 넘겨서 몸에 기대고 자요. 목을 꺾은 상태로 앉아서 잠을 자는 모습은 보는 사람에겐 불편할 수 있지만 기린은 편안하게 잘 잔답니다.

7. 나무늘보는 정말 게으름뱅이일까?

 나무에 매달린 채 전혀 움직이지 않는 것처럼 보이는 나무늘보는 게으름뱅이처럼 보여요. 그런데 나무늘보는 정말 게을러서 이렇게 행동하는 걸까요?

 나무늘보는 남아메리카와 중앙아메리카의 열대우림에 서식해요. 나무늘보가 게을러 보이게 행동하는 이유는 나무늘보의 근육량이 체중 전체의 약 25%로 다른 동물의 절반 정도밖에 되지 않기 때문이에요. 또 나무늘보는 외부 공기에 맞춰 체온을 바꾸는 변온 동물이기 때문에 체온 유지를 위한 에너지 소모량도 적어서 하루에 불과 약 8g 정도의 식물만 먹고살아요. 즉, 나무늘보는 단순히 게으른 동물이 아니라 자기의 신체 특성에 맞게 환경에 잘 적응하며 사는 동물이에요.

8. 나비와 나방의 구별은 매우 어렵다?

 나비와 나방은 비슷한 모습이지만 나비는 화려하고 아름답고 나방은 무섭고 단조롭게 생겼다는 생각을 많이 해요. 하지만 아름다운 연두색 날개를 가진 긴꼬리산누에나방이라는 것도 있고, 무지개 같은 색채를 가진 마다가스카르비단제비나방이라는 것도 있어요.

 사실 나비목 곤충의 대부분은 나방이고 나비는 그 일부예요. 즉, 곤충학적으로 보자면 같은 부류인 셈이지요. 하지만 앉는 자세, 더듬이 모양, 활동 시간을 살펴보면 차이점이 있어요. 나비는 날개를 접고 앉고, 나방은 날개를 펴고 앉아요. 더듬이 모양은 나비는 곤봉처럼 생겼고, 나방은 뾰족한 모양이에요. 활동 시간도 다른데 나비는 주로 낮에 활동하고 나방은 주로 밤에 활동해요. 물론 예외인 경우도 있지만 대부분의 나비와 나방은 이러한 차이점으로 구별할 수 있어요.

 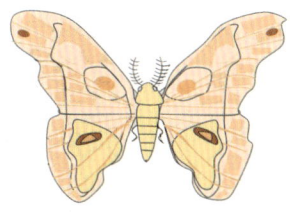

9. 닭은 1년에 몇 개의 알을 낳을까?

 계란 또는 달걀이라고 부르는 닭이 낳은 알은 계란 프라이, 계란말이, 장조림 등 다양하게 요리해서 우리가 자주 먹는 음식 중 하나예요. 많은 사람이 먹는 만큼 하루에 생산되는 계란이 약 4천만 개 이상 된다고 해요. 그렇다면 닭 1마리가 1년에 몇 개의 알을 낳는 걸까요?

 양계장에서 사육되는 암탉이 낳는 알은 따뜻하게 품어도 병아리가 되지 않는 알이에요. 암탉의 몸속에는 성숙한 노른자가 난관에 들어간 후 24~25시간 동안에 걸쳐 흰자와 딱딱한 껍질이 만들어져요. 즉, 하루에 1개가 한계인 거죠. 그러나 1년 동안 매일 알을 낳는 것은 아니에요. 며칠 동안 알을 낳은 뒤, 1~2일 쉬고 알을 낳아요. 그래서 1년간 낳는 알의 수는 365개가 아니라 약 280개 정도라고 해요.

10. 세상에서 가장 빨리 자라는 식물은?

 대부분의 식물은 씨앗에서 싹이 트고 잎과 줄기가 자라면서 성장해요. 환경에 따라 성장하는 기간의 차이는 있지만 그래도 어느 정도의 시간은 필요하지요. 그렇다면 세상에서 가장 빨리 자라는 식물은 무엇일까요?

 세상에서 가장 빨리 자라는 식물은 대나무예요. 대나무의 어린싹인 죽순은 하루에 1미터가 넘게 자라기도 한다고 해요. 대나무는 최고 35미터까지 자라며, 줄기의 지름이 10~35센티미터까지 굵어져요. 대나무가 빠르게 성장하는데도 꽃은 잘 피지 않는 편인데 최대 100년을 기다려야 꽃이 피는 경우가 있다고 해요. 대나무는 줄기가 시들어 갈 때쯤 꽃을 피우기 시작하는데 넓은 범위에서 자라고 있는 주변 줄기에서 나이에 상관없이 일제히 꽃을 피워요. 그래서 대나무에 꽃이 피면 얼마 후 대나무 숲 전체가 사라지는 현상이 나타나기도 한답니다.

11. 세상에서 눈이 가장 큰 생물은?

 우리의 눈은 '몸이 천 냥이면, 눈이 구백 냥'이라는 말도 있듯 가장 중요한 신체 부위예요. 우리는 다른 감각에 비해 시각에 대한 의존도가 크기 때문이지요. 사람뿐만 아니라 우리 지구에 사는 대부분 생물에게도 눈은 중요한 부위예요. 그렇다면 세상에서 눈이 가장 큰 생물은 무엇일까요?

 세상에서 가장 눈이 큰 생물은 대왕오징어예요. 대왕오징어의 눈의 지름은 약 30~40센티미터로 사람의 눈보다 11배 이상 커요. 대왕오징어는 눈만 큰 게 아니라 몸도 커요. 대왕오징어의 몸은 12~18미터까지 자란다고 해요. 대왕오징어가 거대한 몸집에도 불구하고 그동안 사람들에게 잘 알려지지 않은 이유는 수심 600~1,500미터의 깊은 바닷속에서 살기 때문이에요.

12. 모기에게 잘 물리는 사람은 따로 있다?

 무더위와 함께 찾아와 우리를 괴롭히는 벌레가 있어요. 바로 모기예요. 그런데 다른 사람들과 같이 있어도 유독 모기에게 더 많이 물리는 사람이 있는데 모기에게 잘 물리는 사람이 따로 있는 걸까요?

 모기는 사람을 가리는 게 아니라 사람들이 내뿜는 냄새와 온도에 주로 반응해요. 후각이 예민한 모기는 숨을 쉴 때 나오는 이산화탄소와 땀 냄새를 20미터 이상 떨어진 곳에서도 감지해요. 그래서 다른 사람에 비해 숨 쉬는 양이 많거나, 땀 냄새가 나는 사람이 모기에게 더 잘 물리게 되지요. 모기는 날개가 몸통에 비해 길어서 바람에 약하다고 알려져 있어요. 그래서 선풍기를 약하게만 틀어놓아도 모기가 접근하기 힘들고 땀 냄새도 분산시켜주니, 무더운 여름밤 잠잘 때 선풍기를 틀어놓는 것도 모기와 더위를 모두 이겨내는 방법 중 하나랍니다.

13. 무당벌레의 무늬가 화려한 이유는?

 무당벌레는 검정과 빨강, 오렌지색 등 화려한 무늬를 갖고 있어요. 적으로부터 자신을 보호하기 위해 주위 환경과 비슷한 보호색을 띤 곤충들이 많은데, 무당벌레는 왜 오히려 눈에 도드라져 보이는 화려한 무늬를 가진 걸까요?

 무당벌레는 적의 공격을 받으면 다리의 관절에서 독성이 있는 노란 진물을 분비해요. 이것은 냄새가 심하고 매우 쓴맛이 난다고 해요. 그래서 무당벌레를 잡아먹으려다가 이 진물을 한 번이라도 맛보면 다음에 무당벌레를 만나도 공격하지 않는다고 해요. 무당벌레의 무늬가 화려한 이유는 적의 시선을 끌어서 진물을 먹인 후 '무당벌레는 써서 먹을 수 없다'라는 사실을 인식시켜 자신을 보호하기 위해서랍니다.

14. 북극곰의 털은 흰색이 아니다?

 북극의 대표적인 동물인 북극곰은 흰색 털 때문에 '백곰'이라고도 불러요. 그런데 사실 북극곰의 털은 흰색이 아니라는 사실 알고 있었나요?

 북극곰의 피부 색깔은 검은색이고 털은 아무 색 없이 투명해요. 그러면 왜 흰색으로 보이는 걸까요? 북극곰 털의 움푹 들어간 내부 표면이 빛을 여러 방향으로 난반사하기 때문이에요. 하늘에서 내리는 투명한 눈이 하얀 눈처럼 보이거나 투명한 비닐 주머니 몇 개를 겹치면 하얗게 보이는 현상과 같은 원리예요. 북극곰의 피부색은 새끼 때는 분홍색인데 성장하면서 점점 검은색으로 변해요. 그 이유는 추운 지역에 살기 때문에 태양열을 효율적으로 흡수해 체온을 유지하기 위해서라고 해요.

15. 복어는 어떻게 독을 만들까?

 복어는 독을 가지고 있는 생선이에요. 복어를 요리할 때 독을 제대로 제거하지 않고 먹으면 사망할 수 있는 위험이 있어요. 그렇다면 이렇게 강한 독을 복어는 어떻게 만드는 걸까요?

 복어의 눈, 쓸개, 아가미, 간, 난소, 창자, 피부 등에 존재하는 테트로도톡신이라는 맹독은 아무런 색도, 맛도, 향도 없고 열과 물에 강한 특징이 있어요. 이러한 복어의 독은 사실 복어 몸에서 스스로 만들어내는 것이 아니라 복어가 섭취하는 먹이나 미생물, 세균 등을 통한 면역 체계 자극에 반응해 생성된 독이 복어의 몸속에 누적된 거예요. 그래서 깨끗한 양식장에서 자란 복어는 독이 거의 없는 수준이고, 자연산 복어라고 해도 서식지의 환경에 따라 독에 차이가 있다고 해요.

16. 부엉이는 사실 롱다리다?

 부엉이는 낮에는 자고 밤에 활동하는 새예요. 올빼미와 생김새가 비슷하지만, 부엉이는 올빼미보다 눈이 더 크고 머리 꼭대기에 귀 모양의 깃을 가지고 있어요. 또 부엉이의 신체에는 놀라운 비밀이 숨겨져 있어요. 겉으로 보기에 부엉이의 다리는 무척 짧아 보이지만 사실 롱다리라는 점이에요.

 부엉이의 다리 부분의 깃털을 머리 쪽으로 걷어 올리면 몸통의 절반 이상을 차지하는 매끈한 다리를 확인할 수 있어요. 실제로 엑스레이를 찍어 확인해보니 다리가 몸의 약 40퍼센트를 차지한다고 해요. 몸통의 대부분이 깃털로 덮여 있다 보니, 부엉이의 정강이를 보고 다리라고 생각해 다리가 짧다고 착각했던 거죠.

17. 개미집은 비가 와도 괜찮을까?

 개미는 땅이나 나무에 굴을 파서 집을 짓고 살아요. 개미집은 방과 방을 이어주는 통로로 구성되어 있어요. 개미는 방을 여왕개미방, 애벌레방, 음식 저장방 등 용도에 따라 방을 구분해서 사용해요. 그런데 개미집 출입구는 구멍만 있고 문이 없어서 비가 오면 구멍 안으로 물이 들어갈 텐데 괜찮을까요?

 사실 개미집으로 들어가는 구멍은 크기가 작아서 빗물이 안으로 들어가는 양이 매우 적어요. 하지만 만약의 상황을 대비하여 개미는 집을 지을 때 땅속이나 바위 밑, 나무 밑 등 비가 와도 안전하다고 판단되는 곳에 집을 지어요. 또 흡수력이 좋은 흙으로 집을 지어 빗물이 집 안으로 들어오는 상황에 대비해요. 그래도 비가 너무 많이 오는 경우에는 개미들은 집 위쪽으로 새로운 굴을 파서 빗물을 피하고 알이나 애벌레, 번데기 등을 안전하게 대피시키고 비가 그치면 무너진 곳을 복구해요. 최악의 상황에는 기존의 집을 버리고 새로운 집을 짓기 위해 이동하기도 한답니다.

18. 살무사가 살무사에게 물리면 어떻게 될까?

 세계에는 여러 종류의 독을 가진 뱀이 있어요. 뱀이 가진 독은 출혈독과 신경독으로 나뉘어요. 출혈독은 모세 혈관과 근육을 파괴해서 통증과 함께 피가 많이 나와요. 신경독은 시각과 청각과 같은 신경이나 중추신경을 마비시켜 심장과 호흡을 멈추게 하지요. 출혈독을 가진 뱀 중 대표적인 건 살무사이고, 신경독을 가진 뱀 중 대표는 코브라예요. 그렇다면 이렇게 무서운 독을 가진 살무사가 다른 살무사에게 물리면 어떻게 될까요?

 일반적으로 출혈독을 가지고 있는 뱀은 자신의 독에 대해서 항체를 가지고 있기 때문에 같은 종류의 출혈독을 가진 뱀에게 물려도 죽지 않아요. 즉 살무사가 살무사에게 물린 경우, 독 때문에 죽을 가능성은 적어요. 신경독을 가진 코브라 역시 마찬가지예요. 하지만 뱀독에 내성이 없는 사람의 경우 독을 가진 뱀에게 물리면 독에 의해 위험할 수 있으니, 독이 있는 뱀에게 물렸다면 가능한 한 빨리 병원에 가서 치료받아야 해요.

19. 세계에서 가장 키가 큰 나무는?

 우리 주변에서 은행나무, 벚나무, 소나무 등 다양한 나무를 볼 수 있어요. 나무는 하늘을 향해 높게 자라는데, 세계에서 가장 키가 큰 나무는 어디에 있는 나무일까요?

 세계에서 가장 키가 큰 나무는 미국 캘리포니아주의 레드우드 국립공원에 있어요. 그리스 신화에 나오는 태양신의 이름을 따와 '히페리온(Hyperion)'이라는 이름을 가지고 있는 세쿼이아의 높이는 무려 116미터예요. 이것은 미국의 자유의 여신상(약 93미터)보다 훨씬 크며, 가장 낮은 부분에 있는 나뭇가지도 무려 25층 빌딩에 해당하는 높이라고 해요. 2019년 세계에서 가장 큰 나무로 기네스북에 등재되었어요. 이후 사람들이 나무를 타고 오르거나 쓰레기를 버리고 가는 등 나무를 훼손하는 행동이 빈번하게 일어나자 결국 나무를 보호하기 위해 나무 가까이 접근하기만 해도 벌금 약 650만 원을 내거나 6개월간 감옥에 가야 하는 특단의 조치가 내려졌다고 해요.

20. 해마는 수컷이 새끼를 낳는다?

 해마는 말과 머리가 비슷하게 생겨서 '바다의 말'이라는 의미로 지어진 이름이에요. 우리나라를 비롯해 전 세계의 열대 바다와 온대 바다에서 살며, 긴 주둥이를 이용해 물을 빨아들인 다음 그 속에 들어 있는 플랑크톤이나 새우 등을 먹고 살아요. 해마는 신비로운 생김새처럼 흥미로운 특징이 있는데 바로 수컷이 새끼를 낳는다는 사실이에요.

 해마가 짝을 짓게 되면 암컷 해마는 수컷 해마의 배에 있는 육아 주머니에 알을 집어넣어요. 알을 받은 수컷 해마는 정자와 함께 알을 수정시킨 후 새끼 해마가 나올 수 있도록 약 3주간 알을 품었다가 새끼를 낳아요. 사실 수컷이 알과 새끼를 돌보는 경우는 많이 있지만, 수컷이 새끼를 낳는 동물은 해마가 유일하다고 해요.

21. 앵무새는 어떻게 사람의 말을 할까?

앵무새는 사람의 말을 그대로 흉내 낼 수 있는 새로 많이 알려져 있어요. 다른 새는 불가능한데 앵무새는 어떻게 사람의 말을 할 수 있는 걸까요?

앵무새가 사람의 말을 할 수 있는 이유는 혀의 구조가 다른 새들과는 다르기 때문이에요. 일반적으로 새는 입술이 없고 혀가 딱딱하고 가늘며 움직임도 제한적이어서 복잡한 소리를 만들어낼 수 없어요. 그런데 앵무새는 혀가 두껍고 부드러워서 자유롭게 움직일 수 있기 때문에 사람의 말을 따라 하는 게 가능해요. 그렇다고 앵무새가 지능이 높아서 사람의 말을 할 수 있는 건 아니에요. 앵무새는 뇌에 '노래핵'이라는 유전자가 있는데 이 유전자 덕분에 여러 가지 소리를 기억하고 흉내 낼 수 있어요. 즉, 앵무새는 사람 말의 의미를 알고 공부해서 말하는 게 아니라 단지 소리를 흉내 내는 거랍니다.

22. 얼룩말 줄무늬의 비밀

 얼룩말의 몸에 있는 흰색과 검은색이 반복되는 줄무늬에는 재미있는 비밀이 있어요. 얼룩말의 줄무늬는 맹수의 위협을 피하는 위장술이나, 뜨거운 열대지방의 태양열을 줄여주는 목적으로 생겼을 거라고 추측만 하며 그동안 미스터리로 남아 있었는데 최근 미국 캘리포니아 대학에서 연구한 결과 비밀이 밝혀졌어요.

 얼룩말의 줄무늬는 흡혈 파리를 쫓아내기 위해서 생긴 거라고 해요. 얼룩말의 털 길이는 흡혈 파리의 주둥이와 같거나 그보다 짧아서 흡혈 파리의 공격을 막기 어렵다고 해요. 그래서 얼룩말은 흡혈 파리를 쫓아내기 위해 줄무늬를 더욱 선명하게 만드는 쪽으로 진화했어요.

 흡혈 파리는 한 가지 형태로 반사되는 짙은 색을 좋아하는데 흰색과 검은색이 반복되는 얼룩말의 줄무늬에서 반사되는 빛은 흡혈 파리의 시야를 혼란스럽게 만든다고 해요. 시야가 혼란해진 흡혈 파리는 얼룩말의 몸에 제대로 앉을 수 없지요. 실제로 흡혈 파리가 극성을 부리는 곳에서는 얼룩말의 줄무늬가 더욱 선명하게 나타난다고 해요.

23. 고기만 먹는 육식동물은 왜 영양 부족에 걸리지 않을까?

 맛있는 고기만 먹지 말고, 야채도 먹어야 한다는 말을 많이 듣지 않았나요? 키도 크고, 몸도 튼튼해지려면 음식을 가리지 말고 골고루 먹어야 해요. 그런데 사자나 호랑이 같이 고기만 먹는 동물은 야채를 먹지 않는데 영양 부족에 걸리지 않는 이유는 왜 그럴까요?

 고기만 먹는 육식동물은 익힌 고기가 아닌 생고기를 먹는 한 영양 부족에 걸리지 않는다고 해요. 왜냐하면 생고기에는 단백질과 미네랄, 비타민 등 몸에 필요한 영양소가 대부분 포함되어 있기 때문이에요. 또 육식동물들 대부분의 소화 기관은 아주 짧아서 야채를 먹어도 영양분을 흡수하기 전에 몸 밖으로 배출되고 말아요.

 단, 조금 소화된 상태의 야채라면 영양분을 흡수할 수 있어요. 그래서 육식동물들은 초식동물을 사냥한 후 초식동물의 내장과 그 안에 남아 있는 소화 중인 야채도 함께 먹음으로써 영양분을 얻는다고 해요. 즉, 고기만 먹는다고 생각했던 육식동물도 결국은 야채도 먹기 때문에 영양 부족에 걸리지 않는 거랍니다.

24. 조개에서 힌트를 얻은 터널 굴착 공법

 산이나 바다 밑을 지나는 터널은 단단한 땅을 깊게 판 후 무너지지 않도록 안전하게 만들어야 해요. 땅을 파내는 걸 굴착이라고 하는데, 터널을 만들기 위한 굴착 공법 중에 터널의 단면과 같은 크기의 '실드'라 불리는 원통을 만들어 앞에 있는 흙을 파내면서 전진하는 '실드 공법'이 있어요. 그런데 이 실드 공법이 조개에서 힌트를 얻었다는 사실 알고 있었나요?

 1825년 영국에서 템스강 터널 공사를 맡은 '이점바드 킹덤 브루넬'은 터널을 쉽게 뚫을 방법을 고민하고 있었어요. 그러던 어느 날, 브루넬은 조선소에서 배좀벌레조개가 파먹어 구멍투성이인 낡은 배의 목재 조각을 발견하고 배좀벌레조개에 흥미를 느껴 조사를 시작했어요.

 배좀벌레조개는 몸이 가늘고 길며 머리 부분은 껍데기 덮여있는데, 나무에 구멍을 뚫고 들어가서 살아요. 배좀벌레조개는 껍질로 나무에 구멍을 뚫으면서 부스러기는 뒤로 밀어내고 벽면에 끈끈한 점액을 발라 튼튼하게 만들어요. 브루넬은 배좀벌레조개의 구멍 뚫는 모습을 보고 쉽고 안전하게 터널 공사를 할 수 있는 실드 공법을 생각해낸 거랍니다.

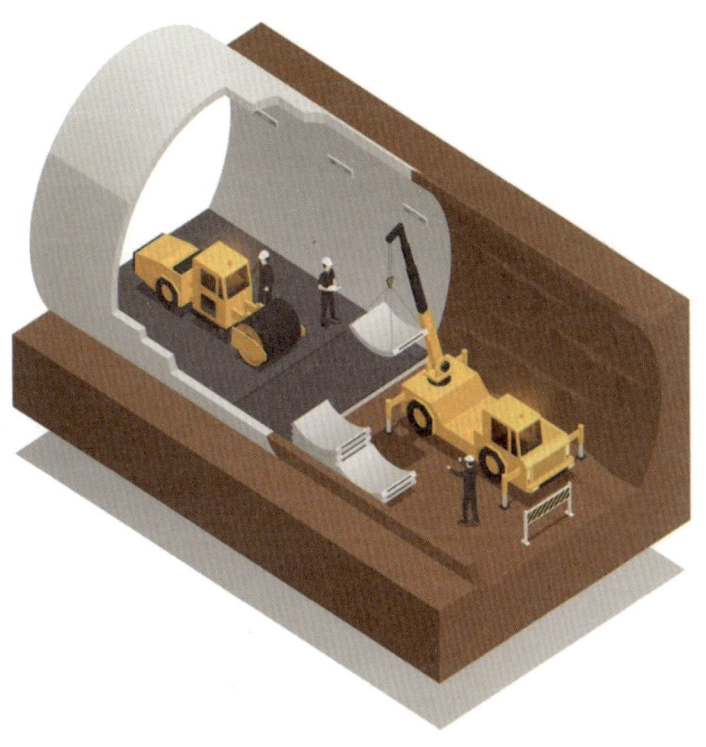

25. 지렁이는 왜 뒤로 갈 수 없을까?

 비 온 다음 날에 자주 보이는 지렁이는 길쭉하게 생겼는데 미끌미끌하고 꿈틀거리며 비린내가 나서 싫어하는 사람들도 많아요. 하지만 지렁이는 땅을 건강하게 만드는 아주 중요한 역할을 하는 생물이에요. 그래서 농사가 잘되는 좋은 땅에는 지렁이가 많이 살지요. 꿈틀거리며 기어 다니는 지렁이는 앞으로는 갈 수 있어도 뒤로는 못 간다고 해요. 왜 그럴까요?

 지렁이 몸에는 강모라 부르는 털이 있는데, 강모는 지렁이가 기어갈 때 미끄러지는 걸 방지하는 역할을 해요. 그런데 강모는 일정한 방향으로 나 있기 때문에 지렁이는 뒤로 갈 수 없어요. 앞으로 갈 때는 미끄러지지 않아서 도움이 되는 털이, 뒤로 갈 때는 반대로 걸리면서 방해가 되기 때문에 지렁이가 뒤로 움직이려 해도 움직일 수가 없는 거죠. 그렇기 때문에 지렁이는 눈앞에 장애물이 나타났을 때 뒤로 움직이지 못하고 빙 돌아서 간답니다.

26. 토끼는 자신의 똥을 먹는다?

 기다란 귀에 깡충깡충 뛰는 토끼의 모습을 보면 귀엽다는 생각이 들어요. 그런데 이렇게 귀엽게 생긴 토끼가 자신의 똥을 먹는다면 믿어지나요?

 보통 토끼 똥 하면 작고 동글동글하고 딱딱한 똥을 떠올리지만 실은 묽고 끈적끈적한 상태의 똥도 있어요. 그런데 이 묽은 상태의 똥은 토끼에게 중요한 영양분이 된다고 해요. 토끼의 주식은 풀이지만 풀은 소화가 어렵고 영양도 그다지 높지 않아요. 그래서 토끼는 맹장에서 식물섬유를 분해한 후 장내 세균이 만든 아미노산과 비타민B, 비타민K 등을 묽을 똥과 함께 배출하여 그것을 먹음으로써 영양분을 섭취해요. 그래서 똥을 먹지 않으면 토끼는 영양분을 충분히 섭취하지 못해 건강에 문제가 생긴다고 해요.

27. 투우 소는 빨간 천에 흥분하지 않는다?

 스페인과 포르투갈의 전통 행사인 투우는 소와 사람이 싸우는 경기예요. 투우에서 소는 투우사가 손에 들고 있는 빨간 천(물레타)을 향해 돌진해요. 이러한 모습 때문에 소가 빨간색을 보면 흥분한다고 생각하기 쉽지만 그렇지 않아요. 사실 소의 눈은 흑백으로만 사물을 볼 수 있기 때문이지요. 그렇다면 어째서 빨간 천을 보고 돌진하는 걸까요?

 소는 육식동물로부터 몸을 지키기 위해서 낯선 생물이나 움직임에 반응하고 경계하는 습성을 갖고 있어요. 이러한 습성 때문에 펄럭이며 움직이는 천을 향해 돌진하는 것이지, 사실 천이 무슨 색이든 상관없어요. 색이 상관없는데도 투우에서 빨간색 천을 사용하는 이유는 빨간색에서 '피'나 '위험한 것'을 떠올리는 투우를 구경하는 관중을 흥분시키기 위해서라고 해요.

28. 판다의 소화기는 대나무를 먹기에 적합하지 않다?

 흰 얼굴에 눈 주변 검은 털이 특징인 판다는 귀여운 외모로 많이 알려져 있어요. 만화나 영화 등에도 많이 등장해 우리가 더 친근함을 느끼는 동물이에요. 판다의 생김새와 함께 대나무를 아삭아삭 씹어 먹는 모습이 생각나겠지만 사실 판다의 소화기는 대나무를 먹기에 적합하지 않다는 사실 알고 있었나요?

 판다는 하루에 약 14시간 정도 최대 12.5킬로그램이나 되는 대나무나 조릿대를 먹지만 소화가 가능한 양은 섭취량의 겨우 17%밖에 되지 않는다고 해요. 미국 미생물학회의 논문에 의하면, 다른 초식동물은 식물의 섬유질을 효과적으로 분해하기에 적합한 소화기를 가지고 있지만 판다는 육식동물의 소화기를 가졌다고 해요.

 사실 판다는 원래 곰처럼 고기를 좋아하는 잡식성이었으나 시간이 흘러 유전자에 돌연변이가 생겨 고기의 맛을 느끼지 못하게 되었다고 해요. 그래서 맛도 못 느끼는 고기를 먹기 위해 힘들게 사냥하는 것보다 주변에 널린 대나무를 먹는 게 더 효율적이라 식습관이 변했어요. 하지만 소화기관은 그대로라 적은 양을 먹어서는 영양분을 충분히 흡수하지 못해 많은 양을 먹는다고 해요.

29. 하루살이가 오래 못 사는 이유

 하루살이는 흔히 하루만 살다가 생을 마감하는 딱한 존재로 알려져 있어요. 하지만 어른벌레인 성충이 된 하루살이는 보통 하루만 살지만, 성충이 되기까지 1~3년 정도 물속에서 애벌레로 지내요. 그러니 하루살이의 생을 알에서부터 계산하면 사실 딱 하루만 사는 것은 아닌 셈이지요. 그래도 성충이 된 하루살이는 왜 오래 살지 못하는 걸까요?

 그 이유는 하루살이가 성충이 되면 입이 없어지기 때문이에요. 입이 없다 보니 당연히 먹이를 먹을 수 없고 오래 살지 못하게 되는 것이지요. 그래서 오래 살지 못하는 하루살이는 성충이 되면 떼를 지어 날아다니면서 이 세상에 유전자를 남기기 위해 짝짓기를 하고 알을 낳다가 생을 마감해요. 우리가 보기에는 어른이 되고 하루밖에 못 사는 하루살이의 모습이 불쌍해 보이지만, 하루살이는 그들에게 주어진 짧은 시간을 누구보다 최선을 다해 사는 게 아닐까요?

30. 하마는 분홍색 땀을 흘린다?

아프리카의 대표적 동물 중 하나인 하마는 온종일 늪이나 강 속에 있다가 강가로 올라와서 풀을 먹어요. 아프리카는 매우 덥기 때문에 하마는 물속에 있을 때도 땀을 많이 흘려요. 그런데 하마는 분홍색 땀을 흘리는데 이를 피로 착각해서 하마는 피땀을 흘린다고 오해를 받은 적도 있어요. 왜 하마의 땀은 분홍색일까요?

분홍색 땀은 하마가 무더운 아프리카에서 살아가는 데 중요한 역할을 해요. 하마의 피부는 겉보기에는 튼튼해 보이지만 실은 가장 바깥쪽 각질층이 매우 얇기 때문에 물속에서 나오면 수분이 증발해서 자칫하면 목숨이 위태로울 정도로 위험하다고 해요. 그래서 하마는 히포수도르산이라는 분홍색 액체를 분비해 피부 표면을 덮어 수분 증발을 막고 체온을 유지해요. 분홍색 액체에는 자외선을 차단하는 작용도 있기 때문에 피부를 햇볕으로부터 보호할 수 있다고 해요. 또 천연 항생제 성분도 있어서 하마의 피부에 난 상처가 세균에 의해 감염되는 것을 막아준다고 해요.

31. 햇빛이 필요 없는 식물들

 식물이 살아남으려면 흙과 물도 중요하지만 충분한 햇빛이 필수예요. 햇빛은 식물의 잎에서 이산화탄소와 물로 영양분을 만드는 광합성을 도와주기 때문이지요. 하지만 햇빛이 잘 들어오지 않는 곳에서도 자라는 식물들이 있어요.

 먼저 '접란'은 형광등 조명으로도 충분히 자랄 수 있는 식물로 알려져 있어요. 키우면서 신경 쓸 일이 적기 때문에 식물을 처음 키우는 초보자들이 키우기 쉬운 식물이에요. 어둡고 축축한 곳에서 잘 자라는 '아나나스' 역시 접란과 마찬가지로 약간의 빛만 있어도 잘 자라요. 어두운 욕실에서 키워도 새빨갛고 아름다운 꽃을 피우지요. 마지막으로 '산세비에리아(산세베리아)'가 있어요. 산세비에리아는 약간의 햇빛과 수분만 있으면 잘 자라서 집에서 많이 키우는 식물 중 하나예요.

32. 흰개미 여왕개미는 100년을 산다?

 대부분의 곤충은 일반적으로 수명이 짧아요. 우리가 앞에서 읽은 성충이 되면 하루만 사는 하루살이뿐만 아니라 반딧불이는 몇 주, 배추흰나비는 2개월, 귀뚜라미는 3개월 정도밖에 살지 못해요. 그런데 장수하는 곤충도 있어요. 대표적인 장수 곤충은 바로 흰개미 여왕개미예요.

 흰개미 여왕개미는 평균 20년을 살면서 매일 약 2만 개의 알을 낳는다고 해요. 최적의 환경에서는 무려 100년을 살면서 평생 약 50억 개의 알을 낳는다고 알려져 있어요. 흰개미는 사실 목재를 먹고 사는 곤충이라 건축물에 나쁜 영향을 주기 때문에 해충으로 알려졌지만, 한편에서는 흰개미 여왕개미가 오래 살 수 있는 이유를 분석해서 인간의 노화를 늦추고 수명을 연장하는 방법을 찾는 연구를 하고 있어요.

33. 흰코뿔소는 흰색이 아니다?

 아프리카에 서식하는 흰코뿔소는 전체 몸길이가 5미터, 어깨 높이가 3미터, 최대 몸무게가 4톤으로 육지에 사는 동물 중 코끼리 다음으로 몸집이 커요. 아프리카의 코뿔소는 흰코뿔소와 검은코뿔소 두 종류가 있는데 이름과는 다르게 사실 모두 회색이에요. 그래서 두 종은 몸의 색깔이 아닌 입술 모양으로 구분하는데 흰코뿔소는 윗입술이 넓고 각진 형태이고 검은코뿔소는 윗입술이 좁고 뾰족한 형태이지요. 그러면 몸 색깔이 흰색도 검은색도 아닌데 왜 흰코뿔소, 검은코뿔소라 부르는 걸까요?

 흰코뿔소를 처음 발견했을 때 네덜란드어로 '넓은 주둥이를 가진 코뿔소'라고 불렀는데 '넓은'이라는 의미의 네덜란드어 'wijd'를 영어로 번역하면서 '하얀'이라는 뜻의 'white'로 잘못 번역했고 이것이 그대로 굳어져 몸 색깔과 상관없이 흰코뿔소라 부르게 되었어요.

 흰코뿔소가 아닌 다른 코뿔소는 자연스럽게 흰색과 대조되는 검은색을 붙여 검은코뿔소 돼버렸지요.

검은코뿔소　　　　　흰코뿔소

연주에 18시간 이상 걸리는 곡이 있다?

/ # 4. 스포츠와 예술

1. 연주에 18시간 이상 걸리는 곡이 있다?

 아름다운 소리를 내는 피아노 연주곡을 들으면 때론 즐겁기도 하고 때론 슬픔이 느껴지는 등 여러 가지 감정이 들어요. 피아노로 연주하는 곡들은 정말 다양한데 연주하는데 무려 18시간 이상 걸리는 곡이 있다면 믿어지나요?

 연주에 18시간 이상 걸리는 곡은 바로 프랑스의 작곡가 에릭 사티(1866~1925)의 곡 '벡사시옹(Vexations)'이에요. 연주에 18시간 이상이 걸린다고 하면 악보 역시 상당히 길 것 같지만 사실은 겨우 1페이지 분량이에요. 박자를 나타내는 기호도 소절을 나누는 선도 없는 악보에 늘어서 있는 52박자 분량의 음을 840번 되풀이하게 되어 있는데, 연주 속도에 대한 지시는 '매우 느리게'이기 때문에 1번 치는데 1분 30초 정도가 걸려요.

 '벡사시옹(Vexations)'은 프랑스어로 '짜증'이나 '고통'이라는 뜻인데 같은 음을 천천히 18시간 이상 840번 들으면 연주하는 사람도 듣는 사람도 지치고 고통스러울 것 같네요.

2. 프로레슬링과 권투의 사격형 경기장을 왜 '링'이라고 할까?

프로레슬링과 권투는 '링(ring)'이라 부르는 사각형 모양의 경기장 안에서 시합을 해요. 그런데 '링'은 반지처럼 둥근 고리를 의미하는데 왜 사각형의 경기장을 네모를 의미하는 '박스(box)'가 아닌 링이라고 부르는 걸까요?

원래 권투와 같은 격투기는 사각이 아니라 둥근 원형 안에서 펼쳐졌어요. 예전에 격투기는 관객들이 경기하는 선수들 주변에 빙 둘러서 있어서 자연스럽게 원 모양이 만들어졌고 그 안에서 경기를 했다는 설이 있는데, 언제부터인가 관객이 보기 쉽도록 높은 곳에 올라가서 경기를 하게 되었고 선수가 떨어지지 않도록 주변에 울타리처럼 밧줄을 설치했어요. 그리고 밧줄을 설치하기 쉽도록 경기장을 사각형으로 만들었는데 경기장 모양은 바뀌었지만, 경기장을 부르던 이름은 바뀌지 않아서 사각형인데도 링이라고 부르고 있는 거예요.

3. 골프 점수는 왜 '새'를 의미하는 단어를 쓸까?

 골프는 정해진 코스 위에 세워진 공을 채로 쳐서 정해진 구멍에 넣을 때까지 공을 채로 몇 번 쳤는지 타수로 승부를 겨루는 구기 종목이에요. 골프는 타수를 기준으로 점수를 계산하는데 점수의 용어를 보면 '버디(Birdie)', '이글(Eagle)', '앨버트로스(Albatross)'와 같이 하늘을 날아다니는 '새'를 의미하는 단어를 사용하는데 왜 그럴까요?

 처음으로 골프 점수 용어에 새가 사용된 것은 1903년 미국에 있는 골프장에서 애브너 스미스 선수가 친 공이 공을 넣는 구멍 가까이에 떨어진 것을 보고 '공이 작은 새가 날아간 것처럼 보였다'라고 표현한 이후 작은 새를 의미하는 '버디'라는 말이 쓰이게 되었어요. 그 후 기본 타수인 '파(PAR)'보다 2타수 적은 점수를 작은 새보다 강한 독수리를 의미하는 '이글', 3타수 적은 점수는 수십 킬로미터를 날 수 있는 '앨버트로스'라고 부르게 되었어요.

4. 자동차 경주 선수들도 운동을 열심히 한다?

 빠른 속도로 달리는 경주용 자동차로 순위 경쟁을 하는 자동차 경주를 보면 다른 운동선수에 비해 쉬울 것 같다는 생각을 할 수 있어요. 직접 뛰는 육상 선수와 달리 자동차가 모든 걸 하는 데 운전 기술만 좋으면 우승할 수 있을 것 같아 보이기 때문이지요. 하지만 자동차 경주는 엄청나게 많은 체력이 필요해서 다른 운동선수들처럼 자동차 경주 선수들도 열심히 운동을 해요.

 자동차 경기 중 선수들의 심장 박동은 분당 최대 200번까지 증가한다고 해요. 분당 150~160번의 심장 박동을 하는 축구 선수나 달리기 선수보다도 빠르지요. 그 이유는 편안함을 중시하는 일반 자동차와 달리 빠른 속도를 내기 위한 경주용 자동차의 의자가 더 불편한데, 그런 의자에 앉아 경기 내내 빠른 속도로 달리면서 브레이크를 밟거나 방향을 바꾸는 등 집중해서 운전해야 하기 때문이에요.

 또 빠른 속도로 달리다 보면 목 근육에 엄청난 압력을 받는데 선수 몸무게의 최대 6배의 압력이 목 근육에 가해진다고 해요. 이러한 것들을 견디기 위해서는 자동차 경주 선수들도 튼튼한 신체가 필수적이라 열심히 운동을 한답니다.

5. 뭉크의 '절규'는 절규하고 있는 것이 아니다?

 노르웨이의 화가 에드바르트 뭉크의 작품인 '절규'는 세계적인 명화로 알려져 있어요. 그림 속에서 있는 힘을 다해 애타게 소리치며 절규하는 듯한 사람의 모습이 담긴 '절규'는 다양한 곳에서 언급되고 그림 속 사람의 모습을 따라 하면서 뭉크를 대표하는 작품이 되었어요. 그런데 '절규'의 그림 속 사람은 사실 절규하고 있는 게 아니라는 양쪽 귀를 막고 있는 거라고 해요.

 뭉크는 '절규'를 1893년에 그렸는데, 그보다 1년 전에 쓴 일기에서 산책할 때 '자연을 뚫고 나오는 절규를 느꼈다. 실제로 그 절규를 듣고 있는 것 같았다.'라는 말을 남겼어요. 또 뭉크가 처음 작품과 함께 공개한 메모에는 '자연의 절규'라는 제목이 붙어 있었어요.

 즉, 산책하면서 느낀 감정을 표현한 작품이 '절규'이고 그림 속 사람은 언뜻 보기에는 볼에 손을 대고 절규하는 것처럼 보이지만, 실은 자연에서 들려오는 절규를 듣지 않기 위해 귀를 막고 공포에 떨고 있는 모습을 표현했다고 볼 수 있어요.

6. 마라톤 거리의 유래

 4년에 한 번 개최되는 전 세계인의 축제인 올림픽에는 다양한 경기가 있어요. 그중에서도 올림픽의 꽃이라 불리는 경기는 마라톤이에요. 42.195킬로미터를 달려서 결승점에 도착하는 선수의 모습을 보면 가슴이 벅차오르지요. 그런데 마라톤의 거리가 왜 42.195킬로미터가 되었을까요?

 마라톤은 기원전 490년 마라톤 평원에서 그리스와 페르시아가 전쟁을 했는데, 그리스가 전쟁에서 이긴 후 페이딥피데스라는 군인이 전쟁에서 이겼다는 소식을 전하기 위해 그리스의 아테네까지 쉬지 않고 달려간 것에서 유래되었다고 해요. 그래서 마라톤 평원에서 아테네까지 거리가 42.195킬로미터라서 마라톤의 거리가 정해졌다고들 알고 있지만 페이딥피데스가 달린 거리는 사실 36.75킬로미터예요.

 그러다 보니 올림픽에서 마라톤 거리는 개최가 되는 지역의 상황에 따라 대략 40킬로미터 전후로 거리가 일정하지 않았어요. 그래서 1908년 제4회 런던 올림픽 당시 윈저성에서 올림픽 스타디움까지의 거리 42.195킬로미터를 마라톤 경기 거리로 정했고 이 거리가 오늘날까지 마라톤 공식 거리로 지정되어 사용하고 있어요.

7. 로댕의 '생각하는 사람'은 사실 생각하고 있지 않다?

 프랑스의 조각가 오귀스트 로댕의 가장 유명한 작품은 '생각하는 사람'이에요. 미술을 잘 모르는 사람들도 한 번쯤은 이름을 들어봤을 정도로 유명하지요. 오른손을 턱에 괴고 앉아서 심각한 표정을 짓고 있는 조각상의 모습은 대단한 고민을 하는 것처럼 보여요. 그런데 사실 '생각하는 사람'은 이름과 달리 무엇인가를 생각하고 있는 모습이 아니에요.

 원래 '생각하는 사람'은 로댕의 '지옥의 문'이라는 거대한 조각 작품의 일부예요. '지옥의 문'은 높이가 6미터, 폭이 3미터에 이르는 거대한 작품인데, 여기에는 죄인들이 지옥에 떨어지는 모습이 묘사되어 있어요. 이 작품의 윗부분에 위치해 지옥에 떨어지는 죄인을 위에서 바라보는 사람 조각상을 나중에 따로 크게 만든 작품이 우리가 알고 있는 '생각하는 사람'이에요. 즉, '생각하는 사람'은 무언인가를 생각하고 있는 게 아니라 바라보고 있는 모습이에요.

8. 동화 신데렐라는 유리구두가 아닌 가죽구두를 신었다?

 우리가 잘 알고 있는 동화 '신데렐라'는 프랑스의 전래동화를 동화작가 샤를 페로가 자신의 동화집에 담은 이야기예요. 동화 속 신데렐라는 유리구두 덕분에 왕자님과 다시 만날 수 있었고 결혼까지 하게 되지요. 그런데 사실 원래는 신데렐라의 구두는 유리구두가 아닌 가죽구두였어요.

 샤를 페로가 쓴 원전을 보면 구두의 재질이 프랑스어로 '다람쥐의 모피'라는 뜻으로 'vair'라고 나와 있어요. 그런데 'vair'가 영어로 번역할 때 유리를 의미하는 'verre'로 잘못 번역되는 바람에 가죽구두가 유리구두로 바뀌게 되었어요. 그런데 동화의 느낌을 더 극대화하기 위해서 실수가 아닌 의도적으로 유리구두로 번역했다는 이야기도 있어요. 유리구두가 아닌 가죽구두를 신은 신데렐라를 상상해보면 확실히 유리구두보다는 아쉬움이 많이 느껴질 거예요.

9. 악보는 왜 이탈리아어로 표기할까?

 노래를 연주하거나 부르기 위해서 필요한 악보에는 '알레그로(빠르게)'나 '포르테(강하게)'와 같이 곡을 어떻게 연주하고 노래할지를 나타내는 지시어가 있어요. 악보에 사용되는 지시어는 모두 이탈리아어예요. 왜 악보는 이탈리아어로 표기하는 걸까요?

 이탈리아 사람이 아닌 베토벤이나 바흐, 모차르트도 악보에는 이탈리아어를 사용했고, 심지어 이탈리아에서 멀리 떨어진 우리나라에서도 악보에 있는 이탈리아어를 그대로 사용해요. 그 이유는 클래식 음악의 기초인 '도레미파솔라시도'의 계이름과 선과 칸으로 음높이를 표현하는 방법이 이탈리아에서 만들어졌기 때문이에요. 그리고 중세 시대 음악은 교회 음악을 중심으로 발전했는데 교회 문화의 중심지인 로마가 이탈리아에 있었기 때문에 자연스럽게 악보에 사용하는 용어뿐만 아니라 수많은 음악 용어들이 이탈리아어로 만들어졌어요.

 이탈리아어로 만들어진 음악 용어들은 그대로 굳어져서 다른 언어로 번역하지 않고 오늘날까지도 사용하고 있는 거랍니다.

10. 야구에서 '에이스'는 사람의 이름이었다?

 야구 경기 중계나 뉴스를 보면 팀에서 가장 뛰어난 선발 투수를 종종 '에이스'라고 표현해요. 에이스는 트럼프 카드의 A에서 유래한 단어로 어떤 집단에서 최고의 실력을 갖춘 존재를 표현할 때 사용해요. 그런데 야구에서는 타자나 포수의 실력이 좋아도 에이스라는 표현을 쓰지 않고 투수 중에서도 오직 선발 투수한테만 에이스라는 표현을 사용하는데 왜 그럴까요?

 1869년 미국의 신시내티 레드스타킹스 야구팀은 최고의 선수 10명을 모집한 후 선수단 전원을 돈을 받고 경기를 뛰는 프로 선수로 전환해 최초의 프로 야구팀이 되었어요. 10명의 선수 중에서 투수로 뛴 선수인 에이사 브레이나드는 프로 야구팀이 된 첫 경기를 시작한 뒤 65연승을 거두며 리그 전승을 했고, 연승 기록은 다음 해까지 이어져 89연승이라는 기록을 달성했어요.

 그 후 그는 관중들로부터 이름과 발음이 비슷한 '에이스'라는 애칭으로 불렸고, 각 팀에서 가장 뛰어난 투수를 '무슨 팀의 에이사'로 부르다가 에이사의 이름에서 에이스로 변형되어 현재까지 사용하고 있어요.

11. 올림픽 금메달에는 금이 조금밖에 들어 있지 않다?

 올림픽에서는 각각 종목마다 1등부터 3등까지 금, 은, 동메달이 수여되어요. 1등의 상징인 금메달은 동그랗고 반짝거리면서 정말 아름답게 보이지요. 그런데 금메달은 이름과 달리 사실 금이 생각보다 많이 들어 있지 않아요.

 올림픽 규정상 금메달은 99.9퍼센트 이상이 은으로 이루어져 있고, 그 위에 6그램 이상의 금을 도금하게 되어있어요. 즉, 금메달은 완전한 순금이 아닌 은 위에 약간의 금을 입힌 거죠. 올림픽에서 메달을 수여하기 시작한 건 1904년 세인트루이스 올림픽 때부터예요. 이때는 은 위에 금을 입힌 메달이 아닌 순금으로 제작된 메달이 수여되었는데, 제작에 비용이 많이 들고 심지어 메달을 받은 선수가 팔아버리는 경우도 생겨서 1920년 앤트워프 올림픽 때부터는 은 위에 금을 입힌 메달을 수여하고 있어요.

 금메달 외 다른 메달의 성분을 보면 2등에게 수여되는 은메달은 순은으로만 이루어져 있고, 3등에게 수여되는 동메달은 구리와 주석의 합동인 청동으로 이루어져 있어요.

12. 축구의 옐로카드와 레드카드가 생긴 이유

 축구 경기에서 심판은 옐로카드와 레드카드를 사용해요. 노란색의 옐로카드는 경고를 의미하고 빨간색의 레드카드는 퇴장을 의미해요. 옐로카드와 레드카드는 축구 시합이 생기면서 처음부터 있었던 것 같지만 그렇지 않아요.

 축구 경기에서 옐로카드와 레드카드가 사용된 것은 1966년 개최된 잉글랜드 월드컵 대회 8강전 잉글랜드 대 아르헨티나전이 계기가 되었어요. 시합 중 아르헨티나의 안토니오 라틴 선수가 퇴장 선언을 받았을 때, 안토니오 라틴 선수가 독일어밖에 모르는 주심에게 스페인어 통역을 불러 달라고 말한 것을 심판에게 위협을 가한 것이라고 오해하면서 문제가 되었어요. 다행히 선심이었던 캔 아스톤이 스페인어를 할 줄 알아 중재했지만, 이후 말이 통하지 않아도 누구나 이해할 수 있는 신호의 필요성을 느끼게 되었어요.

 캔 아스톤은 고민 끝에 도로 신호등에서 영감을 얻어 경고인 경우에는 '노란색', 퇴장인 경우에는 '빨간색' 종이를 내보이는 방법을 생각했고 1970년 멕시코 월드컵 대회 때부터 정식으로 도입되어 사용하고 있어요.

13. 테니스의 '서비스'는 말 그대로 '봉사'하는 것이었다?

 테니스에서 서비스는 경기를 시작할 때 첫 번째 공을 라켓으로 쳐서 상대 쪽으로 넘기는 것으로 '서브(serve)'라고도 불러요. 서비스는 상대 선수가 공을 받아치지 못하도록 보내는 것이 기본이에요. 프로 선수의 경우 시속 200킬로미터에 가까운 스피드로 서비스를 넣는 경우도 있어요. 그런데 '서비스(service)'라는 단어는 다른 사람을 돕거나 시중을 드는 봉사라는 의미인데 상대가 공을 받아치지 못하도록 빠르게 보내면서 왜 서비스라고 부르는 걸까요?

 테니스는 프랑스 귀족들의 게임인 '죄드폼(Jeu de paume)'에서 유래된 운동이에요. 죄드폼에서는 하인들이 "나리, 갑니다"라고 말한 뒤 공을 코트에 던져 떨어지는 공을 치는 것으로 플레이가 시작되었다고 해요. '서비스'는 정말 '봉사'하는 것이었던 셈이지요.

 이후 스스로 서비스를 넣어 공격적인 의미가 강해진 이유는 테니스를 비롯한 스포츠 전반에 속도감이 요구되기 시작한 결과예요. 예전에는 봉사였던 서비스가 지금은 시합의 승패를 결정짓는 요인이 된 것이지요.

껌과 초콜릿을 동시에 먹으면 어떻게 될까?

5. 맛있는 음식의 세계

1. 고기 굽는 방법의 차이점은?

 언제 먹어도 맛있는 고기는 고기의 종류와 조리법에 따라 그릴(grill), 소테(saut), 로스트(roast) 등 여러 가지 굽는 방법이 있어요. 이 방법들의 차이점은 무엇일까요?

 우선 그릴은 석쇠에 고기를 굽는 거예요. 표면이 물결무늬인 철판이나 격자 모양인 철망 등을 사용해서 표면에 탄 자국을 내고 여분의 기름은 아래로 빼내요. 그러면 고기의 겉은 바삭하고 향기로우며, 속은 부드럽게 되지요. 소테는 프라이팬 등에 버터 혹은 식용유를 두르고 짧은 시간 동안 고기를 익혀 수분을 날리는 조리법이에요. 굽는 것이 아니라 가볍게 볶는 느낌이지요. 로스트는 커다란 고깃덩어리를 꼬챙이에 끼워 불에 직접 닿게 하여 굽거나 오븐의 방사열을 이용해서 가열하는 방법이에요. 같은 종류의 고기여도 굽는 방법에 따라 다른 맛을 느낄 수 있답니다.

2. 껌과 초콜릿을 동시에 먹으면 어떻게 될까?

 껌은 우리가 먹는 일반적인 음식과는 다르게 침으로 녹지 않는 초산비닐수지라는 유기물을 원료로 만들어요. 그래서 입 안에서 계속 씹어도 녹지 않지요. 그런데 껌과 초콜릿을 같이 먹으면 그렇게 씹어도 녹지 않던 껌이 바로 녹아서 눌어붙어요.

 초콜릿에는 코코아 버터라고 하는 입 안 온도로 녹는 부드러운 기름기가 있는 지방질이 포함되어 있어서 껌을 씹으면서 초콜릿을 먹으면 기름기가 있는 지방질이 껌을 부드럽게 만들어 녹여버려요. 초콜릿뿐만 아니라 감자칩같이 기름기가 있는 과자나 다른 음식도 껌과 같이 먹으면 껌이 녹아버려요. 이러한 원리를 이용해서 머리카락에 껌이 붙었을 경우 물로 씻으면 잘 떨어지지 않지만, 무스나 린스같이 기름기가 있는 제품을 사용하면 손쉽게 제거할 수 있어요.

3. 두부의 한자 뜻을 풀면 '썩은 콩'이라는 뜻이다?

 콩으로 만든 음식인 두부는 밭에서 나는 쇠고기라는 별명을 가지고 있어요. 찌개에 넣거나, 조림을 하거나, 부침을 해 먹는 등 다양한 방법으로 우리가 즐겨 먹는 음식 중 하나이지요. 그런데 두부의 한자는 '콩 두(豆)'자에 '썩을 부(腐)'를 쓰는데 썩지도 않았는데 왜 썩은 콩이라고 부르는 걸까요?

 두부가 탄생한 계기는 몇 가지 설이 있는데 그중에서도 가장 유명한 것은 대략 2200년 전, 중국의 회남왕 유안이 발명했다는 설이에요. 중국어로 '부'는 '몽실몽실한 것'을 의미하며 '몽실몽실한 콩'이라는 뜻으로 '두부'가 된 것이지 한자를 그대로 직역한 '썩은 콩'이라는 뜻이 아니에요. 우리나라에 두부가 전해진 정확한 시기는 알 수 없으나 고려 초기 문신인 최승로의 시무 28조에서 두부가 처음 언급된 것을 미루어볼 때 고려 초기에 유입되었다고 추측하고 있어요.

4. 레몬의 신맛은 비타민C 때문이 아니다?

 레몬은 생각해도 시큼한 맛이 느껴질 정도로 신맛이 나는 과일이에요. 눈살이 찌푸려지게 시큼하지만, 다양한 요리에 사용되고, 특히 비타민C가 함유되어 있어서 감기 예방에도 좋은 과일이에요. 그래서 흔히 레몬이 신 이유가 이 비타민C 때문이라고 생각해요. 실제로 비타민C를 많이 핥으면 신맛이 나지만 레몬에는 100그램 기준으로 비타민C가 45밀리그램밖에 함유되어 있지 않아서 비타민C의 신맛을 느낄 수 없어요.

 사실 신맛의 진짜 원인은 '구연산(시트르산)' 때문이에요. 귤이나 오렌지와 같은 감귤류는 구연산을 함유하고 있는데 레몬은 구연산 함유량이 특히나 많아서 신맛이 강한 거예요. 구연산의 '구연'은 한자로 '枸櫞'인데, 이는 레몬을 가리키는 한자어예요.

5. 마카로니 구멍은 어떻게 뚫을까?

 이탈리아의 대표적인 음식 중 하나인 파스타는 면의 종류가 다양해요. 우리가 잘 아는 스파게티도 파스타 면의 종류 중 하나예요. 마카로니 역시 파스타 면의 종류 중 하나인데 주로 치즈와 함께 조리하거나 옥수수나 야채와 같이 소스를 뿌린 후 버무려서 샐러드로 먹어요. 짧은 대롱 모양인 마카로니는 가운데 구멍이 뚫려있는데 어떻게 뚫었을까요?

 마카로니를 만들려면 밀가루에 물과 소금, 달걀 등을 넣고 반죽을 한 후 마카로니를 만드는 기계에 넣어요. 마카로니를 만드는 기계의 입구는 깔때기 모양의 큰 구멍이 있고 출구 방향으로 갈수록 점점 좁아지는 형태인데 중간에는 핀이 달려 있어요. 반죽을 구멍에 넣고 압력을 가하면 핀을 통과할 때 크게로 분리되었다가 다시 붙는데, 중심부는 핀 때문에 기계에서 나올 때 가운데가 빈 대롱 모양으로 변해요.

 즉, 마카로니의 구멍은 다 만들어진 후 뚫는 것이 아니라 기계로 면을 만들면서 구멍이 뚫리는 거예요.

6. 밀가루를 종이봉투에 넣어 파는 이유는?

 설탕이나 쌀은 플라스틱의 일종인 폴리에틸렌 성분으로 만든 비닐 포장에 넣어서 파는데, 밀가루는 종이로 만든 봉투에 넣어서 판매해요. 밀가루만 왜 종이로 만든 봉투에 넣어서 파는 걸까요?

 그 이유는 밀가루의 생명과도 같은 글루텐이라는 성분을 보호하기 위해서예요. 글루텐은 밀가루를 밀가루답게 만들어 주는 단백질이에요. 가루 형태의 밀가루로 라면이나 빵과 같은 쫄깃한 음식을 만들 수 있는 것도 글루텐 덕분이지요. 밀가루를 강력분, 중력분, 박력분으로 구분해 부르는 건 글루텐의 양이 얼마나 많고 적으냐에 따라 나뉘어요. 그런데 이 글루텐은 외부 공기와 접촉하지 않으면 딱딱하게 굳어버리는 성질을 가지고 있어요. 그래서 밀가루가 딱딱하지는 것을 막기 위해 통기성이 좋은 종이봉투에 넣어 판매하는 거예요. 최근에는 폴리에틸렌 성분으로 만든 비닐 포장에 넣은 밀가루도 있는데 가정용 밀가루의 경우 양이 적고, 보존 기간이 비교적 짧아 딱딱해질 일이 거의 없기 때문이라고 해요.

7. 설탕에는 유통기한이 없다?

 유통기한은 식품이 만들어지고 나서 유통될 수 있는 기간을 의미해요. 유통기한을 넘긴 식품은 부패하거나 맛이 변할 수 있기 때문에 판매를 할 수 없고, 유통기한이 지난 식품은 가급적 안 먹는 게 좋아요. 이처럼 유통기한은 판매되는 식품에는 매우 중요한 부분이라 대부분의 식품에는 유통기한을 꼭 표시해야 하는데 설탕에는 유통기한이 없어요.

 설탕에 유통기한이 없는 이유는 설탕은 수분을 많이 포함하고 있지 않아서 세균으로 인해 썩지 않기 때문이에요. 보존 상태에 따라 다르지만 잘 관리하면 몇 년은 먹을 수 있어요. 너무 건조한 장소에 두면 수분이 증발해서 딱딱해지는 경우도 있는데 다시 종이 위에 펼쳐서 물을 뿌리거나 부셔서 사용하면 문제없다고 해요. 다만 설탕 중에서도 흑설탕은 수분이 많아서 맛과 냄새가 변하는 경우도 있기 때문에 유통기한이 표시된 것도 있어요.

8. 샌드위치는 카드 게임 때문에 만들어졌다?

 샌드위치는 얇게 썬 2쪽의 빵 사이에 베이컨이나 달걀, 채소 등을 끼워서 먹는 빵이에요. 요리도 쉽고 간편하게 먹을 수 있어서 제대로 식사하기 어려운 경우에 즐겨 먹는 음식 중 하나지요. 그런데 샌드위치는 사실 카드 게임 때문에 만들어진 음식이라는 사실 알고 있었나요?

 18세기 영국의 귀족인 존 몬태규 샌드위치 백작은 카드 게임을 매우 좋아했어요. 그는 식사할 시간도 아까워서 고용인에게 고기와 채소를 빵 사이에 끼운 음식을 만들게 하여 옆에 두고 먹으면서 카드 게임을 즐겼다고 해요. 그때부터 빵 사이에 속 재료를 끼운 음식을 '샌드위치'라고 부르게 되었어요.

 그러나 사실 기원전 1세기에도 샌드위치와 비슷한 음식을 먹었다는 기록이 있고, 샌드위치 백작이 태어나기 전인 17세기까지도 비슷한 음식들을 유럽 사람들은 즐겨 먹었어요. 다만 우리가 알고 있는 샌드위치의 형태와 음식의 이름이 정해진 건 샌드위치 백작에 의해서라 샌드위치는 영국을 대표하는 요리 중 하나로 보고 있어요.

9. 아이스크림은 언제까지 보관 가능할까?

 아이스크림은 우유와 설탕 등 감미료를 혼합하여 얼려 만드는 디저트의 일종이에요. 시원한 아이스크림은 특히 무더운 여름에 인기가 좋은 간식이지요. 아이스크림은 앞에서 읽고 온 설탕처럼 유통기한이 없는 음식 중 하나인데, 언제까지 보관이 가능할까요?

 아이스크림은 영하 18도 이하에서 냉동 보관하면 세균이 증가하지 않아서 오랜 시간 유통되어도 부패하거나 맛이 변할 일은 없어요. 즉, 냉동 보관만 잘한다면 언제까지나 보관이 가능한 셈이지요. 물론 아이스크림에 정해진 유통기한은 없지만, 제조된 공장에서 아이스크림 판매점으로 이동하거나 판매점에서 구매 후 집으로 가져올 때는 제대로 된 냉동 보관이 어렵기 때문에 상하거나 맛이 변할 수도 있어요. 그래서 제조한 지 1년이 넘은 아이스크림은 먹지 않는 것이 좋다고 해요.

10. 중세 시대 유럽에서는 아이도 맥주를 마셨다?

맥주는 보리를 발효시켜 만든 술이에요. 술은 마시면 취하고 중독성이 있기 때문에 대부분의 나라에서는 성인이 되어야지만 마실 수 있게 법으로 규제하고 있어요. 그런데 중세 시대 유럽에서는 아이도 맥주를 마셨다고 해요.

중세 시대 유럽은 깨끗한 물을 얻기가 힘들었어요. 기본적으로 물에 석회질이 많고, 먹는 물에 대한 위생적인 관리가 어려웠기 때문이지요. 그렇기에 맥주와 와인 같은 술이 물 대용으로 취급되었고, 아이도 맥주나 와인에 물을 타서 마셨어요. 하지만 커피와 차가 보급된 이후에는 물 대신 맥주를 마시는 경우는 점점 사라졌어요.

11. 세계 최고급 커피는 사향고양이의 배설물?

 주로 인도네시아 수마트라, 자바, 발리섬에서 생산되는 '코피 루왁(kopi luwak)'은 최고급 커피 중 하나로 알려져 있어요. 가격도 일반 커피에 비해 더 비싼데 그 이유는 코피 루왁은 사향고양이의 배설물로 만들어서 많이 만들 수 없기 때문이에요.

 코피 루왁을 만드는 방법은 우선 커피 열매를 사향고양이에게 먹여요. 열매는 대부분 소화가 되지만 씨앗은 소화되지 않고 21시간 정도에 걸쳐 고양이 몸 안에서 발효된 뒤 배출되어요. 이렇게 사향고양이의 배설물과 함께 나온 씨앗을 채취한 후 씻어서 건조한 뒤에 고온에서 볶은 것이 바로 코피 루왁이에요. 코피 루왁의 제조 과정 때문에 동물 학대 논란도 있어서 최악의 커피라고 부르는 사람들도 있어요.

12. 크루아상은 왜 초승달 모양일까?

 크루아상은 프랑스어로 초승달을 의미해요. 버터의 달콤함 그대로 느껴지는 빵의 모습이 초승달 모양이기 때문에 지어진 이름이지요. 크루아상이 초승달 모양인지 알기 위해서는 어디에서 처음 만들어졌는지 알아야 해요.

 크루아상은 프랑스어지만 사실 처음 만들어진 곳은 오스트리아예요. 17세기 후반 오스트리아는 오스만 제국과 전쟁 중이었고. 수도인 빈을 포위한 오스만 제국은 빈을 함락시키기 위해 지하도를 파고 있었어요. 그런데 당시 빈에 있던 제빵사가 지하실에서 수상한 소리를 듣고 군대에 알렸는데 바로 오스만 제국 군대가 터널을 파는 소리였어요. 그의 제보 덕분에 오스만 제국을 격퇴할 수 있었고 오스트리아 황제는 제빵사를 크게 칭찬했어요. 제빵사는 자신의 업적을 알리기 위해 오스만 제국의 국기에 그려진 초승달 모양의 빵을 만들었는데 이것이 후에 프랑스에 전해져서 크루아상이 되었다고 해요. 이 외에도 전쟁 이후 오스만 제국의 상징인 초승달을 씹어 먹어 버리겠다는 마음에서 만들었다는 설도 있어요.

13. 핫도그의 '도그'는 '닥스훈트'이다?

 핫도그(hot dog)는 가늘고 긴 형태의 소시지를 익혀서 기다란 빵 사이에 끼워 넣은 음식이에요. 주로 케첩이나 머스터드를 뿌려서 먹지요. 그런데 핫도그의 단어를 그대로 해석하면 '뜨거운 개'라는 뜻인데 왜 이렇게 이름이 지어진 걸까요?

 핫도그는 사실 빵 사이에 끼워 먹는 기다란 독일산 프랑크 소시지를 다리가 짧은 독일산 개인 닥스훈트의 몸통과 비슷하게 생겼다고 해서 처음에는 닥스훈트 소시지라고 불렀어요. 그런데 1901년 만화가 태드 돌건이 미국 뉴욕의 야구장에서 장사꾼들이 "뜨거운 닥스훈트 소시지 팔아요!"라고 외치는 모습을 보고 빵 사이에 끼운 소시지 대신 빵 사이에 끼운 닥스훈트가 짖는 모습을 그려서 신문에 실었는데, 이때 닥스훈트의 철자를 알지 못해 '핫도그(hot dog)'라고 썼어요. 그런데 생각보다 사람들의 반응이 좋았고 이후 닥스훈트 소시지 대신 핫도그라고 불리게 되었어요.

윤봉길 의사와 김구 선생이 서로
시계를 맞바꾼 이유는?

# 6. 교과서에 없는 역사 상식

1. 불과 38분 만에 끝난 전쟁

아프리카 대륙의 동쪽 인도양 위에 위치한 잔지바르섬은 1890년 영국과 독일 사이에 체결된 협정에 의해 영국 보호령이 되었어요. 당시 잔지바르는 노예무역의 중개지였고 잔지바르의 부호들이나 왕가는 노예무역으로 이익을 얻고 있었어요. 그런데 1896년 영국과 친하게 지냈던 잔지바르의 술탄(이슬람 군주) '하마드 빈 수와이니'가 죽자 노예무역을 안 좋게 생각했던 그의 조카 '할리드 빈 바르가쉬'가 새로운 술탄이 되었어요. 영국은 노예무역을 반대하는 바르가쉬를 몰아내려 했고, 바르가쉬는 이를 거절하며 군대를 집결시키고 전함을 배치해서 궁전을 요새화했어요.

1896년 8월 25일 바르가쉬는 영국에 선전포고했고, 영국은 8월 27일 아침 9시까지 군대를 해산하라고 요구했어요. 하지만 바르가쉬는 군대를 해산하지 않고 버텼고 영국 함대는 8월 27일 아침 9시 2분에 포격을 시작했어요. 포격 시작 후 전함은 침몰하고 눈 깜짝할 사이에 궁전도 파괴되었어요. 38분에 걸친 포격에 바르가쉬는 결국 9시 40분에 항복했고 이렇게 전쟁이 끝났어요.

불과 38분 만에 끝난 이 전쟁은 '역사상 가장 짧았던 전쟁'으로 기네스북에 올랐어요.

2. 중국에 '구곡교'라는 다리가 아홉 번이나 꺾어진 이유는?

 중국 상하이를 여행하면 필수 관광지로 꼽히는 곳 중 하나가 '예원'이에요. 이곳은 400여 년 전, 명나라의 고위 관료이자 당대 최고의 부자였던 '반윤단'이라는 사람이 부모님을 기쁘게 하고 편안한 노후를 보내실 수 있도록 하기 위해 만든 정원이에요. 들어갈수록 아름다운 풍경이 펼쳐져서, 가면 갈수록 경치가 더해진다는 뜻의 사자성어 '점입가경'의 유래가 되는 장소이기도 하지요. 예원으로 들어가는 입구에는 아홉 번 직각으로 꺾인 다리 '구곡교'가 있는데 왜 일직선으로 만들지 않고 아홉 번이나 꺾었을까요?

 그 이유는 바로 강시의 침입을 막기 위해서라고 해요. 강시는 뻣뻣한 몸으로 한 방향으로만 깡충깡충 뛰는 귀신이에요. 그러니 다리를 여러 번 꺾어 놓으면 방향을 바꿀 수 없는 강시는 다리를 건널 수 없게 되겠지요.

 한편 강시 이야기와는 전혀 무관하게 다리가 꺾일 때마다 보이는 풍경이 다르기 때문에 다양한 풍경을 감상할 수 있도록 꺾었다는 이야기도 있어요.

3. 기원전(B.C.)과 기원후(A.D.)는 무슨 뜻일까?

 역사 이야기를 읽다 보면 '기원전(B.C.) 고대 이집트에서 유행했다.' 이런 식으로 연도를 표시한 문장을 본 적 있을 거예요. 기원전과 기원후는 무슨 뜻인 걸까요?

 기원전과 기원후는 예수가 탄생한 해를 기준으로 나뉘어요. 기원전을 표기하는 'B.C.'는 'Before Christ'의 약자로 말 그대로 '예수 이전'이라는 의미예요. 그렇다면 기원후를 표기하는 단어는 '예수 이후'라는 뜻인 'After Christ'의 약자인 'A.C.'로 쓰는 게 자연스러울 텐데 'A.D.'로 표기하는 이유는 라틴어로 '주님의 해'라는 뜻의 'Anno Domini'의 약자를 쓰기 때문이에요. 기원전과 기원후는 예수가 탄생한 해를 기준으로 나뉘기 때문에 기원전은 숫자가 클수록 과거이고, 기원후는 숫자가 클수록 최근을 의미해요.

4. 고대 로마에서는 소변에도 세금을 매겼다?

　세금은 국가를 유지하고 국민 생활의 발전을 위해 소득의 일부분을 국가에 납부하는 돈을 의미해요. 과거부터 세금은 이런저런 명목으로 다양한 대상에 세금을 매겼어요. 러시아 황제 표도르는 얼굴에 난 수염에 '수염세'를 매기기도 했어요. 하지만 이보다 더 별난 세금은 로마 황제 베스파시아누스가 만든 '소변세'예요.

　소변세란 소변을 본 사람에게 세금을 걷는 것이 아니라 공중화장실에서 다른 사람이 본 소변을 이용하는 사람에게 세금을 거두는 제도예요. 그럼 소변은 대체 어떤 사람이 어디에 이용했을까요? 당시 로마의 공중화장실 소변은 세탁업자가 빨래의 기름때를 제거하고 양털을 하얗게 만드는 표백을 하는 데 소변을 사용했다고 해요.

5. 하이힐을 유행시킨 사람은 루이 14세이다?

하이힐은 뒷굽이 높은 구두로 주로 여성들이 신는 신발이에요. 그런데 하이힐을 유행시킨 사람은 남성인 프랑스의 왕 루이 14세예요.

사실 하이힐은 기원전 3,500년경 이집트에서도 신었던 신발이에요. 당시 하이힐을 신는 목적은 말을 탈 때 발걸이에 발을 잘 걸칠 수 있게 하기 위한 용도였다고 해요. 이후 시간이 흘러 하수도가 없었던 탓에 분뇨와 쓰레기가 넘친 중세 유럽의 도로에서 옷이 더러워지는 것을 방지하기 위해 하이힐을 신고 다녔어요. 프랑스의 왕 루이 14세 이런 하이힐을 정치적인 목적으로 이용했어요. 루이 14세는 160센티미터의 작은 키를 보완하여 왕의 위엄을 높이기 위해 하이힐을 신기 시작했어요.

이후 남성 귀족들이 루이 14세를 따라서 하이힐을 신기 시작하자 그는 최상위 계층에 속한 이들에게만 하이힐을 신도록 허락하고, 자신을 제외하고는 5인치 이상의 굽이 있는 하이힐 착용을 아무도 못 하게 했어요. 루이 14세는 1715년 77세로 숨을 거두기 전까지 평생 하이힐을 신었다고 해요.

6. 링컨은 11살 소녀의 조언을 듣고 수염을 길렀다?

 노예 해방 선언으로 유명한 미국의 제16대 대통령 에이브러햄 링컨은 1809년 2월 12일, 미국 켄터키주에서 태어났어요. 그는 37살 때 연방 하원의원이 되어 정계에 진출한 뒤 51살에 공화당 소속으로 대통령 선거에 출마했어요. 그런데 링컨은 사실 대통령 선거 출마할 때 턱수염이 없었어요.

 링컨이 턱수염을 기르게 된 이유는 그레이스 베델이라는 11살 소녀의 편지 때문이에요. 링컨이 대통령 선거 운동 당시 베델은 링컨에게 편지를 썼어요. 편지에는 "당신의 얼굴은 너무 말라서 수염을 기르는 편이 보기에 좋을 듯합니다"라고 씌어 있었어요. 당시 정치가들은 대부분 수염이 없는 깔끔한 얼굴이어서 11살 소녀의 조언에 귀를 기울일 필요는 없었어요. 하지만 링컨은 소녀의 조언을 진지하게 받아들여 수염을 길렀고 미국 역사상 처음으로 수염을 기른 대통령이 되었어요.

7. 아인슈타인은 노벨상 상금을 이혼 위자료로 썼다?

 노벨상은 스웨덴의 알프레드 노벨의 유언에 따라 인류의 복지에 공헌한 사람이나 단체에 수여되는 상이에요. 문학, 화학, 물리학, 생리학 또는 의학, 평화, 경제 6개 부문으로 나뉘어 상을 수여하는데 메달과 함께 우리나라 돈으로 약 10억 원 이상의 상금을 줘요. 상대성이론으로 유명한 알베르트 아인슈타인 역시 1921년에 노벨 물리학상을 받았어요. 그런데 아인슈타인은 노벨상 상금을 한 푼도 본인이 챙기지 못했어요.

 아인슈타인은 1903년 밀레바 마리치와 결혼했어요. 그런데 노벨상을 받기 3년 전인 1919년 엘자 레벤탈와 연인 사이가 되었고 이에 화가 난 밀레바 마리치는 노벨상 상금을 이혼 위자료로 건네준다는 조건으로 이혼했어요. 밀레바는 아직 노벨상을 타기 전이었지만 아인슈타인인 노벨상을 받을 것이라 믿고 있던 것이지요. 그 후 1921년 노벨 물리학상을 받은 아인슈타인은 상금을 한 푼도 본인이 챙기지 못한 채 이혼 위자료로 건네주었어요.

8. 에펠탑과 자유의 여신상의 관계

 어떤 지역을 대표하거나 다른 지역과 구별되는 지형이나 시설물을 우리는 랜드마크라고 불러요. 프랑스 파리의 에펠탑과 미국 뉴욕의 자유의 여신상은 전 세계적으로 유명한 랜드마크 중 하나이지요. 에펠탑과 자유의 여신상은 멀리 떨어져 있지만 사실 서로 깊은 관계가 있어요.

 자유의 여신상은 1886년 완성되었고, 에펠탑은 그로부터 3년 뒤에 완성되었어요. 에펠탑의 설계자는 구스타브 에펠인데 그는 자유의 여신상 제작에도 관여했어요. 자유의 여신상은 프랑스가 미국 독립 100주년을 기념해서 선물한 것이라고 알려져 있어요. 자유의 여신상 디자인을 맡은 사람은 조각가 프레데리크 오귀스트 바르톨디인데, 여신상의 철 구조 설계와 시공을 담당한 사람이 바로 에펠탑의 설계자인 구스타브 에펠이에요.

 구스타브 에펠이 만든 튼튼한 구조 덕분에 에펠탑과 자유의 여신상은 비바람을 맞으면서도 오랜 세월을 견딜 수 있는 거랍니다.

9. 인류 최초의 동력비행은 라이트 형제 중 어느 쪽이었을까?

형인 윌버 라이트와 동생인 오빌 라이트는 인류 최초의 동력 비행에 성공한 라이트 형제로 많이 알려져 있어요. 역사적인 첫 비행에 오른 사람은 형제 가운데 과연 누구였을까요? 형제가 함께 비행기에 탔을까요?

1903년 12월 14일 비행기를 손수 제작한 두 형제는 동전 던지기로 누가 먼저 탈지 순서를 정했어요. 동전 던지기 결과 형 윌버가 먼저 비행기를 탔으나 첫 비행은 실패하고 말았어요. 그 후 3일 뒤인 17일, 이번에는 동생인 오빌의 차례였어요. 오빌이 탑승한 비행기는 12초 동안 36.5미터를 비행하면서 인류 역사상 최초로 동력 비행에 성공했어요. 비행기에 먼저 탄 사람은 형인 윌버이지만 실질적으로 최초로 비행에 성공한 사람은 동생인 오빌인 셈이지요.

이날 형제는 시험 비행을 3차례 더 진행했는데 마지막 비행에서는 형인 윌버가 비행기에 탑승해 59초 동안 256미터를 나는 데 성공했어요.

10. 조선시대 임금과 나란히 앉아 식사한 특별한 존재는?

 조선의 19대 왕 숙종은 강력한 왕권을 행사했던 것으로 알려져 있어요. 위엄 넘치는 왕이었던 숙종에게 위안을 주는 유일한 상대가 있었어요. 나란히 앉아 식사하는 것은 물론, 밤에는 잠도 같이 잔 특별한 존재는 무엇이었을까요?

 숙종과 나란히 앉아 식사한 특별한 존재는 바로 고양이예요. 어느 날 궁궐을 산책하던 숙종은 황금색 새끼 고양이를 발견하고는 '금손이'라는 이름을 지어주고 각별히 보살폈어요. 함께 식사하고 잠도 같이 자고 심지어 일할 때도 금손이를 무릎 위에 올려두고 있을 정도로 무척이나 아끼고 사랑했어요. 이런 숙종이 세상을 떠나자 금손이는 20일 동안 아무것도 먹지 않고 울기만 하다가 금손이도 결국 죽음을 맞이했어요.

 살아생전 금손이를 사랑하는 숙종의 마음을 알고 있었던 인원왕후는 금손이를 비단으로 감싸 하늘나라에서도 둘이 함께 하길 바라며 숙종의 무덤 옆에 묻어주었어요.

11. 윤봉길 의사와 김구 선생이 서로 시계를 맞바꾼 이유는?

 1932년 4월, 윤봉길 의사는 상하이의 훙커우(홍구) 공원에서 일왕의 생일을 축하하는 행사장에 폭탄을 던지기는 의거를 일으키기로 결심했어요. 행사가 열리는 1932년 4월 29일 아침, 윤봉길 의사는 김구 선생과 함께 식사한 후 행사가 열리기까지 약 한 시간이 남았을 때 자신이 새로 산 시계를 김구 선생의 헌 시계와 바꾸자는 제안을 했어요.

 김구 선생은 자신의 시계가 낡았다면 사양했지만, 윤봉길 의사는 "제 시계는 이제 한 시간밖에 쓸 데가 없습니다"라고 말했어요. 죽음을 무릅쓰고 의거를 꼭 성공시키겠다는 비장함이 묻어나는 윤봉길 의사의 말에 김구 선생은 자신의 시계를 윤봉길 의사에게 내어주고, 윤봉길 의사의 시계를 받았어요.

 윤봉길 의사는 의거에 성공했지만 일본 군경들에게 붙잡혀 일본의 한 형무소에서 24살의 나이에 숨을 거두셨어요. 김구 선생은 죽는 날까지 윤봉길 의사의 시계를 항상 곁에 두었다고 해요. 우리 친구들은 나라를 되찾은 애국지사의 희생을 오래도록 기억하도록 해요.

12. 전화 인사말 'Hello'를 처음 사용하자고 제안한 사람은?

 미국에서는 전화벨이 울리면 "Hello?(헬로)"라고 말하며 전화를 받아요. 우리나라 말로 번역하면 "안녕하세요?" 하고 받는 셈이지요. 전화를 받으면서 인사하는 게 어색하게 느껴지기도 하는데 "Hello?"라는 말을 쓰는 이유는 우리도 잘 아는 발명왕 '토머스 에디슨'이 제안한 방법이에요.

 전화기가 세상에 처음 등장했을 때, 사람들을 전화를 받은 후 뭐라고 대답해야 할지 몰랐다고 해요. 전화기를 처음 발명한 '그레이엄 벨'은 "Ahoy!(어이!)"라고 대답하자고 제안했어요. 그렇지만 듣는 사람에게 다소 무례하게 느껴질 수 있는 표현이었지요. 그때 에디슨이 "Hello?"를 하자고 제안했고 미국 최초의 전화 교환실에서 "Hello?"를 채택하면서 전화를 받을 때 쓰는 인사말로 굳어졌다고 해요.

 우리나라에서는 전화를 받을 때 "여보세요?"라고 말하는데 '여기 좀 보세요'라는 의미로 "여보세요?"라고 말하기 시작했다고 해요.

13. 조선시대에도 만우절이 있었을까?

 매년 4월 1일은 거짓말을 해도 용서가 되는 만우절이에요. 만우절이 4월 1일인 이유에는 여러 설이 있지만 가장 유명한 것은 16세기 무렵 유럽에서는 신년을 3월 25일부터 시작했는데 4월 1일까지 신년을 맞이하는 축제가 행해졌고, 마지막 날에는 선물을 교환하는 풍습이 있었어요. 그러던 중 프랑스의 왕 샤를 9세가 1564년 1월 1일을 새해로 지정했지만, 사람들은 여전히 4월 1일을 축제의 마지막 날로 생각하고 그날 선물을 교환하거나 장난스럽게 신년 인사를 하던 것이 만우절이 되었다고 해요. 4월 1일은 아니지만, 조선시대에도 지금의 만우절과 같이 거짓말을 해도 용서받을 수 있는 날이 있었어요.

　바로 첫눈이 내리는 날이에요. 첫눈이 내리는 날만큼은 임금에게 가벼운 거짓말을 해도 용서가 되었다고 해요. 우리 조상들은 첫눈이 많이 오면 다음 해에 풍년이 든다고 생각했어요. 그래서 첫눈이 내리는 날은 모든 사람이 기뻐할 만한 날이라 가벼운 거짓말을 해도 눈감아주었다고 해요.

빙글빙글 잡학상식

발행일 초판 1쇄 2022년 12월 24일
6쇄 2025년 07월 24일

엮은이 걸음마 **펴낸이** 강주호 **마케팅** 이동호 **편집** 이태우 **디자인** 하루
펴낸곳 도서출판 버금 **출판등록** 제353-2018-000014호
전화 032)466-3641 **팩스** 032)232-9980
이메일 beo-kum@naver.com
블로그 blog.naver.com/beo-kum
제조국 대한민국
주의사항 종이에 베이거나 긁히지 않게 조심하세요.

ISBN 979-11-978983-0-3 73300
값 12,000

ⓒ 2022 걸음마
잘못된 책은 구입하신 곳에서 교환해 드립니다.
이 책의 저작권은 도서출판 버금에 있습니다.